企业破产_的实证分析

——以公司治理理论为基础

王利娜 / 著

本书感谢国家自然科学基金项目(71773039)的资助

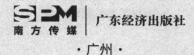

广东经济出版社

·广州·

图书在版编目（CIP）数据

企业破产的实证分析：以公司治理理论为基础/王利娜著. —广州：广东经济出版社，2022.8

ISBN 978-7-5454-8404-5

Ⅰ.①企… Ⅱ.①王… Ⅲ.①企业—破产—研究—中国 Ⅳ.①F279.21

中国版本图书馆CIP数据核字（2022）第107708号

责任编辑：毛一飞
责任技编：陆俊帆
责任校对：刘紫娟
封面设计：吴东贤

企业破产的实证分析：以公司治理理论为基础
QIYE POCHAN DE SHIZHENG FENXI:YI GONGSI ZHILI LILUN WEI JICHU

出版人	李 鹏
出 版 发 行	广东经济出版社（广州市环市东路水荫路11号11～12楼）
经 销	全国新华书店
印 刷	广东虎彩云印刷有限公司 （广东省东莞市虎门镇黄村社区厚虎路20号C栋一楼）
开 本	787毫米×1092毫米 1/16
印 张	9.75
字 数	142千字
版 次	2022年8月第1版
印 次	2022年8月第1次
书 号	ISBN 978-7-5454-8404-5
定 价	58.00元

图书营销中心地址：广州市环市东路水荫路11号11楼
电话：（020）87393830 邮政编码：510075
如发现印装质量问题，影响阅读，请与承印厂联系
广东经济出版社常年法律顾问：胡志海律师

序

　　竞争是市场经济的灵魂。随着我国经济体制改革向纵深发展，完善的退出机制和公平的进入规则成为竞争政策的重要内容。在正常的竞争环境下，经营不善企业的破产和新企业的成立一样正常。但在中国的环境下，没有完整的破产重整制度〔虽然《中华人民共和国企业破产法》（简称《破产法》）已经颁布很多年〕，这不利于企业自由地进入与退出和营造公平竞争的市场环境。现行的《破产法》规定，清偿必须首先支付职工的拖欠工资和税收。在完成这种支付后，几乎不再存在资产清偿问题，因为大多时候企业资产已经所剩无几了。

　　随着中国的社会保障制度的逐渐完善，工人工资问题不再是企业破产的巨大障碍，不同利益主体的诉求开始在破产过程中浮出水面，变得越来越明晰、越来越强烈。例如，作为债权人的国有银行会不断强化自己的风险控制部门；不同的法人股股东在企业经营方面表现出意见分歧；管理层在可能的范围内追求自己利益的最大化。这些现象是一种偶然，还是一种趋势？需要从大样本的破产实证研究中寻找答案。

　　理论研究告诉我们，不同利益主体之间的冲突在企业经营的每个阶段都普遍存在，本书强调破产过程中的利益冲突，原因在于，笔者认为，破产强化了这种冲突：在企业正常经营的情况下，不同利益主体之间的冲突并不太强烈，因为每个利益主体都能从扩张中获得比以前更大的好处；而当企业陷入财务困境时，利益分配则变得很重要，因为没有了增长预期，如何确保自己的利益在分配中不被损害就成为第一位重要的。而研究财务困境背景下不同利益主体的行为，可以更好地观察这种冲突，对理解公司治理理论中的许多假设有很大帮助。这也是本书研究的意义。

以往的破产研究大多着眼于破产预测，所采用的方法一般是会计指标，检验什么样的指标组合能够最准确地预测破产的发生。成功的破产预测模型，一定是使得两类误判成本都最小的模型。这样的方法很大程度上属于公司财务实务的研究范畴。纯财务实务研究缺乏相应的理论背景，所得出的结论无法从理论假设的角度验证并一般化，结果多变且随意。而以往的公司治理实证研究也缺乏破产这类事件背景，无法从利益冲突的角度探讨不同利益主体的关系。

因此，本书通过财务模型破产事件的研究模式，研究公司治理中的利益冲突内容。书中的研究结果显示，个人股东在企业破产中的作用开始凸显，开始充当积极的股东；负债对破产的作用是非常显著的，这从银行对企业贷款审核越来越紧可以看出；而管理层的作用则在不同所有制下显示出不同的特征，在破产过程中国有企业中的管理层比私营企业中的管理层表现得更积极。本书还对民营企业的风险追逐和融资约束假设进行验证，前者得到了证实。而后者因为代理变量的困难，有待未来研究的验证。

王利娜

2021年4月

目 录
CONTENTS

第一章
CHAPTER 1
引 言

第一节

研究背景

在计划经济时代的中国，因为社会主义国家政府的"父爱主义"，国有企业几乎不会破产。企业即使经营不善，也不会立刻死亡，而是保持挂账的"假死"状态。随着社会主义市场经济体制的确立，破产才成为讨论国有企业改革时的一个可选择项，但实行以来依然困难重重。最大的问题是，企业破产了，职工怎么办？债务由谁承担？在社会保障制度不完善和国有企业改革都没有出现重大进展的背景下，上述无法回答的问题，导致理论研究者和实务界都对企业破产持回避的态度。

然而，市场经济越发达对《破产法》的需求就越旺盛。破产制度是竞争政策的重要内容之一，关乎企业能否及时转型或顺利退出市场，影响资源配置效率，对于构建公平竞争的市场环境具有重要意义，因此完善破产制度是我国在市场化改革过程中必须解决的重大问题。

转折发生在1994年，这一年国务院出台了59号文件[①]，提出在上海等18个城市进行国有企业破产工作试点。这也是国有企业政策性破产的开始。所谓政策性破产，又称计划内破产，是指纳入国家破产兼并计划

---

① 59号文件的全称是《国务院关于在若干城市试行国有企业破产有关问题的通知》，由国务院在 1994 年 10 月 25 日颁布。

并享受相应优惠政策的国有企业的破产。优惠政策包括：首先，国企破产时的全部资产用于安置失业和下岗职工，而不是清偿银行债务。其次，如果资产转让和土地使用权转让所得不足以安置职工，则相关费用按照企业隶属关系，由同级人民政府负担，如果是中央企业，由中央财政负担；如果是地方国有企业，则由地方财政负担。

此后，破产突破了认识上的禁区，国有企业也会破产的事实逐步为社会各方面所接受，也使国有企业的破产进程得以迅速推进。

1997年，国有企业破产试点扩大到111个城市。1999年，在试点城市的基础上，又把关闭破产的重点集中到纺织、煤炭、有色金属、军工等结构调整任务重的行业，国有企业破产工作逐步在全国范围内全面展开。同年，国有经济的战略性退出正式被写入中央文件。中共十五届四中全会通过的《中共中央关于国有企业改革和发展若干重大问题的决定》公布后，国有经济应退出竞争性领域，国退民进的战略得以确定。2004年开始，全国企业兼并破产和职工再就业工作领导小组完成了全国企业关闭破产总体规划，总体规划对今后国有企业关闭破产工作的任务、范围、时间和重点都做出了明确的规定，并提出到2008年要基本完成政策性关闭破产的任务。

据国资委统计，从1994年到2004年底，全国共实施政策性关闭破产项目3484个，核销金融机构债权2370亿元，安置关闭破产企业职工667万人。截至2004年5月31日，对经国务院批准列入全国企业兼并破产计划的725家中央及中央下放地方的煤炭、有色金属、军工等企业，中央财政累计拨付企业破产补助资金达627亿元，安置职工191万人。仅2004年一年，中央财政的破产补助资金支出就达199.47亿元，共安置职工53.75万人。

不同于实施于国有企业的政策性破产具有强大的整体规划，民营企业是在悄悄破产。

全国每年新生15万家民营企业，同时每年又死亡10万多家，有60%

的民营企业在5年内破产，85%在10年内死亡，民营企业平均寿命只有2.9年（《中国民营企业发展报告》，2005）。有人称，民营企业命断3年。当然，在不同的地区，具体的数字可能不太相同，比如，宁波江北的民营企业平均寿命为3.72年，而江苏工商联和江苏省中小企业局联合进行的调查显示，江苏的民营企业平均寿命为7.62年。

在金融危机导致的出口企业倒闭风潮中，受波及的大多是民营企业。来自广东省中小企业局的官方数据显示，该省2009年1—9月企业关闭总数为7148家。其中企业关闭数量较多的地市分别是东莞市1464家、中山市956家、珠海市709家、深圳市704家、汕尾市587家、佛山市526家以及潮州市432家。从行业分布看，破产企业主要集中在纺织服装、五金塑料、电子产品、陶瓷建材等传统型、低技术、高耗能行业。

从上述数据中可以发现：破产在中国是常见的。但在宏观层面上，中国企业的破产是什么样的情况，一直是未知数。

1999年，国家体改委曾经根据两个标准，即资产负债率超过100%以及不能偿还银行贷款的50%，判断达到破产条件的国有企业数目占国有企业总数的15%。按照国资委原主任李荣融在2010年夏季达沃斯论坛上的说法，从2002年到2009年底，每年倒闭的国有企业将近5000家，其中也包括中央企业。

世界银行中国研究局曾在1999年进行国有企业破产调研。从他们调查的结果看，20世纪90年代中期以来，中国的国有和非国有企业的破产已经非常普遍。直至他们进行统计的1999年，有超过2.5万家企业破产，其中一半左右为国有企业（世界银行，2000）。调查结果还指出，90年代中期，国有企业破产案件数目曾出现一个顶峰，1989—1993年为年均277起，1994—1995年为2100起，1996—1997年又增加到5640起（世界银行，2000）。

相对于国有企业，有关民营企业的破产统计也同样是局部和破碎的。从研究的角度，所掌握的企业破产信息是间接的、局部的，还没有一个全面的、针对企业破产状况的整体研究，甚至缺乏一个准确的企业破产数字。

国家统计部门的企业数据中，并没有专门的长时段的企业破产统计数据，因此不支持一般的实证研究。这也是有关企业破产的研究非常稀少的原因之一。像世界银行这样的研究机构的调查，因为时段不长，也没有形成足够丰富的案例库，所以很难支持开展大规模的经验研究。

世界银行的调查仅仅局限于5个城市，姑且不讨论这5个城市的代表性，仅从样本数量的角度看，也无法满足开展实证研究的需要。而且他们的案例大多是描述破产后的状况，以及与破产相关的政策设计，比如社会保障体系如何建立，对于企业破产本身却没有给予更多关注。他们将破产定义为法院受理的企业无法还本付息的诉讼，从法学的角度看，这样定义没有问题，但是从经济学的角度看，更需要关注诉讼之前，企业经营由正常还本付息变为无法还本付息的过程中发生的故事，这样才能更好地理解破产，更早地预知破产，以便减少企业破产造成的损失。本书正是希望从这样的角度研究企业破产。

第二节

研究的角度

在完善的破产登记制度下，关于企业破产的数字完整而准确，但是目前国内并没有建立这样的制度，对企业破产的统计仅仅依靠法院的破产诉讼案件，这导致对企业破产的统计非常不准确。

首先，根据诉讼案件统计的破产案件，远低于实际发生的破产。进入法律诉讼程序的破产案件，是显性破产。更多的隐性破产，从来没被统计过，比如国有企业的政策性破产。因为允许国有企业破产，就意味着损失必须在商业银行、中央政府、地方政府等群体之间进行分割，这实际上是无解的难题。因此很长一段时间，国有企业即使经营困难，也只会挂账，一般不会破产。挂账意味着破产的损失不需要确认。因此，如果对破产的定义只局限于显性破产，显然是不准确的。

1998年，中国的四大商业银行成立了相应的四大资产管理公司以处理不良贷款。根据银监会的数据，到2006年，四大资产管理公司共核销债务11800亿元。虽然这些不良贷款并不意味着相关企业最后都走向破产，但是完全可以从中看出隐性破产的规模。

其次，即使是非国有企业的社会破产，很多也不走《破产法》所规定的诉讼程序。每年全国法院所受理的民营企业破产案件数量少得可怜。与之形成反差，每年有大量的民营企业通过种种非正常的方式退出市场。产生这种反差的原因在于，民营企业可能没有申请破产的法人资格。

实践中，部分民营企业在设立过程中存在出资不足或验资后抽逃注册资本、虚设股东、股东人数不符合法定要求、章程缺乏绝对记载事项等诸多问题。上述问题直接关系企业是否具有法人资格，即是否有破产能力。最高人民法院《关于审理企业破产案件若干问题的规定》以及2006年8月27日通过的《中华人民共和国企业破产法》均规定，破产企业应当"具有法人资格"。理论上说，只要是在工商部门登记过，并拥有营业执照的实体，就具有法人资格。但是，在法院受理企业破产申请前的先期调查过程中，可以采取"形式审查"，也可以采取更为严格的"实质审查"。形式审查就是审查营业执照式的审查，一般企业都能通过；但实质审查则对企业的财务状况进行更详尽的调查①。中国的民营企业普遍存在财务制度混乱、投资人私产和企业资产混同等问题。如果申请破产的企业无法通过人民法院的实质审查，则意味着其不能进入破产清算程序。因此，当民营企业申请破产时，企业是否具有"法人资格"直接关系其是否能踏进破产还债的大门。

没有可靠的破产数据，实证研究就无从开展。因此，当务之急，便是要获得相对准确的破产数字。本书从中国工业企业数据库（简称数据库）着手。中国工业企业数据库是基于国家统计局进行的"规模以上工业统计报表统计"取得的资料整理而成的。统计对象为规模以上工业法人企业，包括全部国有和年主营业务收入（销售额）500万元及以上（2011年起为2000万元以上）的非国有工业法人企业，与《中国统计年鉴》的工业部分和《中国工业统计年鉴》的覆盖范围一致。区别是本数据库收录的是企业层面的原始数据，而"年鉴"收录的是按不同维度整理得到的加总数据。截至2007年，数据库收录的数据涉及中国33万多家工业企业，这些企业的工业总产值占中国工业总产值的95%左右，覆盖了中国工业40多个大类、90多个中类、600多个小类，数据库中的每个企业提供超过上百个变量，该数据库包含目前国内最全面和权威的企业层面数据。尽管在数据库中并没有破产这个字段，但由于工业数据是典型企业最详细的统计资料，因此如果能够准确定义破产的概念，就可以从这些详细的资料中推算出破产的数据。

本书定义的破产不是指法律意义上的关门歇业，因为我们关注的是企业经营状况由好变坏的过程。在标准的破产登记制度下，这个过程可

---

① 《关于审理企业破产案件若干问题的规定》中的第十二条和第十四条指出，如果企业财产下落不明或债务人不能合理解释其去向，以及债务人转移财产以逃避债务的，人民法院将不受理或驳回其破产申请。

被分为3个阶段：首先，无法正常还本付息的企业去相关机构进行破产登记。其次，相关利益主体，包括债权人和股东、管理层就是否重组进行协商。如果股东愿意追加投资，债权人愿意对债务展期或削减债务，则启动重组。反之，若股东不愿意追加投资，或债权人不愿意展期与削减债务，则重组失败，进入破产第三阶段，即资产清算。清算后的资产，按照债权、优先股、普通股的顺序获得求偿。虽然，国内并没有界定清晰的破产登记制度，但我们认为，破产最重要的故事，都发生在这个过程之中。因此，本书仍将包含登记、谈判和清算三个阶段的过程定义为破产。在实际操作中，企业可能并不需要完整经历这三个阶段，比如，因为没有正式的破产登记手续，很多企业在经营状况不好或宏观环境较差时，直接停产或清算；再比如，相关方的重组谈判成功，企业继续经营，没有走向清算。因此，企业经历任何一个、两个阶段都被认为是破产了。

重新定义破产，是本书的第一个创新点。

在成熟的市场经济体制下，上述过程是企业经营失败后的标准程序。对于这一过程，经济学关注的核心问题是，什么样的破产制度是有效的，能够使利益相关者的损失最小？比如宏观经济学关注的核心问题是清算资产的求偿顺序、债权人绝对优先（absolute priority）的原则是否有效率等。而微观经济学关注的问题则有所不同。微观经济学更多是从成本和收益的角度，关注如何减少破产造成的损失：如果能够在事前预测破产并采取措施避免破产的发生，则可以大大降低破产损失。因此，破产预测成为研究的核心。

破产预测的方法大多从公司金融入手，建立合适的破产预测模型。破产预测模型的核心是如何准确预测破产，使得误判成本最低：将破产企业误判为正常企业而产生的错误称为第一类错误，而将正常企业预测为破产企业的错误称为第二类错误。通常的破产预测模型主要从资产负债表中的财务指标出发，建立不同的经验模型。除基于财务指标的预测模型外，预测也建立在统筹学基础上，比如决策树、神经网络分析等，他们通常是基于决策单元进行预测。从20世纪60年代第一代破产预测模型开始，破产研究在实证方法上经历了Z模型、决策树分析、Logit模型、神经网络分析等变迁。每种方法都各有长处，但没有一个最好的模型。这种现状可能与破产预测模型缺乏相应的理论基础有关。

从国内的研究现状看，虽然《中华人民共和国企业破产法（试行）》早在1986年就已经颁布，且于2007年6月废止，同时开始施行《中华人民共和国企业破产法》，但因为企业破产的实务进展缓慢，国有资产保值增值、职工的安置、银行的呆账等，都会成为不破产的理由，因此，早期的破产研究停留在推动企业破产的合理性方面，真正理论层面的探讨少之又少。随着政策性破产的推进、上市公司的PT和ST制度的建立和完善，破产才逐渐被接受。因为上市公司的PT和ST制度给出了类破产的概念，所以大多数有关中国企业破产的研究都以上市公司为样本。一般基于上市公司资产负债表中的相关数据和成熟的破产预测模型，建立相应的预测模型。但是，成熟的破产预测模型本身的理论基础比较薄弱，因此，采用中国数据建立的不同模型得出的结论各不相同，而且这种不同在经济学含义上无法得到合理解释。

本书试图改变这种状况。首先，我们拓展样本的范围，从上市公司扩展至更具代表性的规模以上工业企业。这种拓展并不仅仅意味着样本量的扩大，更重要的是，相较于上市公司，数据库覆盖的行业广泛，数据的可信任度更高，因此由数据问题导致的实证分析偏差可能会得到一定程度的控制。其次，虽然本书也使用财务指标模型来研究破产，但对自变量的选取不局限于传统模型中的变量，我们对纯财务指标模型做了延伸，将具有更多公司治理背景的因素纳入模型中。

公司治理理论的概念很宽泛，但对于破产事件来说，从利益相关者之间的互动和博弈的角度看，选择和构建模型，是最常被采用的，也是最合适的。我们预期，增加公司治理因素后的模型，不仅解释能力会获得较大提高，稳定程度也应有所增强：对破产的解释不再完全是经验性的，可以更多地进行理论层面的讨论。当然，微观经济学从利益相关者相互博弈的角度，讨论破产的分析也很常见，但一般采用纯理论模型的讨论方式，很少采用财务指标模型的实证研究方式。因此，将公司治理理论与纯财务指标模型混合，建立破产预测模型，这是本书的第二个创新点。

从研究方法的角度看，本书还进行了其他改进。本书在进入实证分析前，首先进行典型案例分析。我们从典型破产案例出发，从利益相关者相互博弈和冲突的公司治理的角度，提炼出典型案例中的利益相关者的冲突，然后提出理论假设，进而在大样本数据的基础上，对这些理论假设进行验证，从而得出更一般的结论。

第三节
研究内容及意义

在当前的中国，深入研究破产已经迫在眉睫。企业的死亡和它的出生一样，值得研究。首先，在分析破产的过程中，能够获得如何避免破产的经验，最大限度地降低社会和企业自身的损失；其次，在破产威胁下，利益相关者之间的冲突会加剧。在破产的背景下研究利益相关者，能更好地理解冲突各方的关系。同时，在公司治理理论的指导下，建立破产预测模型，也能赋予模型更多的内涵。已有的研究或者仅通过财务指标进行破产预测，没有赋予研究更深的理论内涵，因此结论受样本和时间选取的影响很大，不具有一般性；或者仅从公司治理角度，运用博弈论的方法建立纯理论模型，使得结论非常笼统，无法用来解释中国的破产现实。本书将公司治理理论与财务预测模型结合起来，建立实证分析模型，从而既可以从理论角度解释破产，也能将破产的理论研究与中国现实结合在一起，获得两方面的好处。

本书后面的章节安排如下：第二章是破产的定义及文献综述。鉴于国内没有清晰的破产登记制度，因此对破产的定义局限于法律意义上的，即只有经过人民法院确认的关门停业才被认定为破产。从破产预测和微观经济研究的角度看，这样的定义很不合适。因为如果企业已经停业，破产研究就只具有资产清算的意义，重整等可能使企业起死复生的措施已经无法开展。而如果从企业经营开始陷入困境就定义破产，无论从破产预测，还是从有效重组的角度看，都会更有意义。第二章首先对破产下定义，我们对破产的定义是，企业经营由正常转向无法正常还本付息的完整过程。在重新定义破产的基础上，第二章还进行了文献回顾。因为国内有关破产的文献较少，所以本书主要从相关英文文献入手。我们梳理了有关破产预测的实证模型以及破产的公司治理理论，尤其是股东、债权人以及管理层之间互相冲突的理论。在实证模型介绍环节，不仅介绍了本书使用的线性概率二元选择模型，还对其他破产预测模型进行介绍。在比较各类模型的优劣的基础上，选择实证模型的形式。

第三章是破产典型案例的描述性分析。本书对典型案例的选取建立在文献回顾的基础上。正如文献所描述的，企业是资产的组合，也是人的组合。在这种理论认识背景下，我们从利益相关者的角度，而非单纯从资产的角度，观察企业的破产行为。除此之外，我们还考虑了不同所有制背景对这种利益相关关系的影响。不同所有制背景下的不同利益相关者在破产过程中的作用存在很大差异，因此，第三章的典型案例，针对不同所有制条件下的不同利益相关者，给出不同描述。典型案例显示：国有股东在企业经营不善甚至走向破产的过程中更为消极被动。与国有股东不同的是，个人股东在面对企业破产时更为积极主动。管理层在企业破产过程中的行为，即使同样在国有企业中，也不尽相同：可以是积极推动，也可以是消极等待。本书分别选择了不同类型的案例进行描述性分析，以银行为代表的债权人，在面对企业破产时行为更加积极主动。他们希望通过参与企业破产过程，以增大降低损失的可能性，而不是坐等最后的资产清算。除上述标准的利益相关因素外，典型案例还特别关注了经常被提到的导致民营企业破产的两类非标准的公司治理因素——对风险的过度追逐和融资约束。

第四章是破产实证研究方法及选择。不同于一般的回归模型，二元选择模型一般采用极大似然估计，这样得到的结果是有效和一致的。但是，极大似然估计是非线性的，其参数不太容易解释，这也是它相对于线性回归的缺点，因此需要在正确性、复杂程度与可解释性之间权衡。除介绍估计方法外，第四章还对二元选择模型中自变量的不同分布假定做了分析，并对在不同分布的假定下，所获得的计量结果之间的差异做了介绍。虽然更复杂的估计方法更符合实际的假设，可以获得更正确的结果，但如果这样的结果无法应用于现实中的破产分析，那么这种复杂和正确就变得毫无意义。因此，在权衡了正确性、复杂程度以及可解释性后，本文选择了相对简单的线性概率模型。

第五章是破产引致和预测的实证分析。本书在破产描述性统计的基础上首先从纯财务模型出发，不考虑公司治理背景，验证5因素和7因素两个纯财务模型对于预测中国企业破产的适用性，实证分析结果显示，纯财务模型的总体解释能力不高，因此考虑将更多变量引入模型；在利益相关者冲突理论的基础上，构造代理变量并将之引入纯财务模型，以期提高模型的解释能力。将公司治理变量代入模型后，必须考虑两类变量可能的共线性。通过相关性矩阵，排除了二者高度相关的可能。本书还发现，在将公司治理因素引入实证模型后，模型的总体解释能力有了很大提高，且典型案例中的假设大多得到验证。为了提高稳健性，实证分析还对其他变量代理公司治理因素、导致民营企业破产的特殊因素进行检验。从分析结果看，大多获得了预期的符号和显著性。

第六章是本书的主要结论和评论。首先对实证研究的结果及其含义做了总结，然后对这些结论背后的含义加以引申。

从实证结果中可以看出，个人股东和债权人对破产具有强烈影响。为减少企业破产的风险，应该提高个人股东持股比例，降低国有股东持股的比例；从债权人对破产的显著正向影响可以得出，应该创造债权人参与破产重整的条件，促使他们发挥作为重整人的挽救和重组的功能；对于管理层，在用不同的代理变量分析时，他们对破产的影响不完全相同。可以谨慎地总结，降低管理费用在主营业务中的比重对降低企业破产的风险具有正面影响。无论是国有企业还是民营企业，都没有必要通过限制固定资产投资来降低破产的风险，因为该指标与企业的破产相关性并不强。

第二章

破产的定义及文献综述

第一节

破产的定义

在经典的破产研究中，破产（bankruptcy）通常用来描述企业衰败的过程，而并非单纯指关门歇业。破产是破产登记、重组和清算三个过程的统称。它们表示企业的生产经营无法持续时，需要相继采取的三种措施。通常，从成熟市场经济的经验看，破产登记是每个企业面临财务困境时都必须采取的措施，但重组和清算也是可选的两条路（《美国破产法》第11章和第7章）：如果进入重组程序，则意味着启动挽救企业的行动。在这个过程中，债权人会对债务进行展期或削减，甚至会将债权转为股权，股东会追加投资，而管理层则会降薪，等等。如果重组成功，则企业转危为安，而如果重组失败，则直接进入资产清算过程。在清算阶段，法院会指定信托人，处置资产并将资产剩余按照一定的赔偿顺序分配给每个利益相关人。本书关注这个动态过程中利益相关人的行为，因此，对三个阶段同时关注，并将之统称为破产。在下文中，我们将破产等同于这种财务困境，而不是单独的资产清算阶段。

企业破产是从破产登记开始的。在这个阶段，企业暂停生产经营活动，停止对债权人支付本金利息、对股东支付红利。按照《美国破产法》的定义，破产是指个人或组织宣布无能力或无完全能力偿还负债的行为。这种宣布可采取两种形式，一是由债权人进行破产登记，称为主动破产，通过破产登记，债权人可以收回一部分资产或者启动重组；二是由债务人申请破产，称为被动破产，这种破产情况更多。

从法律定义的角度看，按照《中华人民共和国企业破产法》的规定，对破产是这样定义的，"企业法人不能清偿到期债务，并且资产不足以清偿全部债务或者明显缺乏清偿能力的"。在第二章"申请和受理"中，对破产的执行过程也给出了说明，即"债务人不能清偿到期债务，债权人可以向人民法院提出对债务人进行重整或者破产清算的申请。企业法人已解散但未清算或者未清算完毕，资产不足以清偿债务的，依法负有清算责任的人应当向人民法院申请破产清算"。

从财务金融的角度看，破产通常是指公司无法获得足够的现金流，以"支付到期的债务"，或者说，满足债权人预计的风险贴水。这是破产最常见的定义。例如，商业银行或金融机构无法在到期时向储户支付本金和利息，或者净资产为负，理论上就意味着银行应该破产。而在现实中，出于保持金融系统的稳定或其他原因，企业可能不会真正破产，政府会向其注入资金，或者建议健康的企业收购它，但从财务的角度看，企业已经失败（default）了。或者，用Demirguc-Kunt的定义来说，它们已经失去偿付能力（economic insolvency）了。

从企业经济学的角度看，企业破产是通过自然选择实现资源重新配置的过程。市场竞争中，有效率的企业存活下来，而效率低下的企业则应该破产，使资产向更有效率的方向转移。

从时间维度来看，破产并不是指填写破产申请表的瞬间，而是指一个企业从正常经营到最终无法正常经营的过程。正如Daily（1994）所说的那样，破产是一个螺旋下降的过程。

Ross et al.（1999）的定义则将几方面的特征综合起来。他从4个方面定义企业的财务困境：第一，企业失败，即企业清算后仍无法支付债权人的债务；第二，法定破产，即企业或债权人向法院申请企业破产；第三，技术破产，即企业无法按期履行债务合约还本付息；第四，会计破产，即企业的账面净资产出现负数，资不抵债。

从国内文献看，谷祺等（1999）将财务困境定义为企业无力支付到期债务或费用的一种经济现象，包括从资金管理技术性失败到破产以及处于两者之间的各种情况。吕长江等（2004）从流动资产和流动负债的比例角度提出财务困境的定义。他们认为，我国大多数企业流动负债很多，到期债务反而很少。但实际上早就应该偿还的流动负债因为长期不偿还已经累计为长期负债。因此，可以用流动资产小于流动负债，即流动比率小于1来定义财务困境，同时要求流动资产小于流动负债是一个持续的状态，这种状态应该持续3年甚至更长时间。其原因如下：流动比率一般应大于等于2，如果该比率小于1，说明企业的短期偿债能力即流动性出现了严重问题。如果这是暂时的状况，那么企业可以借用信用筹资渡过难关，可如果流动比率持续小于1，企业就不得不变现长期资产，符合财务困境的特点。更多学者在针对上市公司的研究中，将ST和非ST作为企业破产与否的分界线，比如陈静（1999），陈晓等（2000），吴世农等（2001）。另有部分学者，如上证联合研究课题组则以上市公司是否亏损作为判别公司是否陷入财务困境的标志。[1]

上述对破产的定义大部分都只关注如何确定一个破产点，而我们更关注破产的过程。因此，只要出现经营不正常的迹象，无论是无法正常还本付息，还是净资产为负，或者在法院登记破产清算，就进入了本书所说的破产过程。我们认为，破产是一个动态过程，是从正常经营到非正常经营的转折的过程。本书着眼于企业从经营状况恶化，到最终停止营业的过程中所发生的一切事件，而不是一个时点意义上的关闭。

---

[1] 参见《上市公司财务危机预警系统的实证研究》，上证联合研究计划第三期课题报告。其中，上市公司突然出现亏损，或两年或三年亏损，或者每股净资产低于1元，极端情况下的资不抵债情形。

综上，我们将破产定义为企业经营衰败的过程，与一般意义上的财务困境等同。因此，在下文中，如果没有特殊说明，我们将破产和财务困境等同对待。但是，鉴于破产重组的说法很宽泛，有必要特别说明，我们所说的破产不仅包括重组过程，而且包括在此之前的谈判过程和之后的资产清算过程。本书试图分析这个动态过程产生的原因，以及如何预测和阻止它的发生。

本书对破产或财务困境的定义，是建立在所选取的数据基础上的。已有的关于破产的研究大多是针对上市公司的，通常使用相对完整的上市公司数据进行实证分析。但上市公司数据除了具有完整性的优点外，也有其自身的缺陷。首先，上市公司90%以上为国有企业，民营企业占比不到10%。而在企业总数中，非国有企业数量，远超国有企业；非国有企业生产总值占GDP的比重，远超国有企业。因此，以国有企业为主体的上市公司数据不足以代表行业以及国民经济总体的现状。其次，因为中国上市监管制度，上市公司的会计操纵盛行，这直接导致了上市公司利润指标不真实，而破产是与利润直接相关的，因此，本书舍弃更容易获得的上市公司数据库，使用更有代表性、会计操纵痕迹更弱的"全部国有及规模以上非国有工业企业数据库"。

第二节
中国工业企业数据库介绍

全部国有及规模以上非国有工业企业数据库涵盖全部国有以及每年主营业务收入在500万元以上（规模以上）（2011年起为2000万元以上）的非国有工业企业的月度财务数据。每年包括的企业数在16万家到19万家不等，从企业数量上看，具有很好的代表性。从所有制上看，对所覆盖的企业进行统计采用的是连续的原则，而不是有选择地进行统计。绝大部分企业的资料是从1998年就一直持续，虽然每年也会新增企业和减少企业。

该数据库与《中国统计年鉴》的工业部分和《中国工业统计年鉴》中的覆盖范围一致。区别是本数据库收录的是企业层面的原始数据，而年鉴收录的是按不同维度得到的加总数据。从本文研究的主题看，企业层面的数据，比宏观加总数据更适合。该数据库的指标涵盖了1998年以来各企业每年的基本情况指标（行政区划、所属行业、登记注册类型、隶属关系、开业时间等）、投入产出情况指标（工业总产值、工业销售产值、出口交货值、全部从业人员年平均人数、固定资产净值年平均余额、工业中间投入合计等）、资产负债情况指标（流动资产合计、固定资产合计、无形资产、资产总计、负债总计、所有者权益、实收资本等）、损益情况指标（主营业务收入、主营业务成本、主营业务税金及附加、营业费用、管理费用、财务费用、营业利润、补贴收入、利润总额、本年应付工资总额、本年应付福利费用总额、本年应交增值税等）和现金流量情况指标。

　　根据2004年第一次全国经济普查的结果，主营业务收入在500万元以上的工业企业工业总产值占到全部工业总产值的90.74%，销售产值占当年工业企业销售产值的90.87%，当年全部从业人员占当年全部工业企业从业人数的71.18%。因此，全部国有及规模以上非国有工业企业在整个行业中占有绝对支配的地位，它们的发展方向代表整个行业的发展方向。

　　该数据库是基于工业统计报表资料整理而成的。国家统计局拟定工业统计报表的内容，各地区和各部门按照统一的统计范围、计算方法、统计口径和填报目录组织实施，然后上报国家统计局汇总。在特殊年份，数据是从经济普查中获得的，2004年进行了第一次全国经济普查，大规模地组织了专门的普查机构对工业企业和其他行业的企业进行统计。所以，2004年的数据和其他年份的数据会有一些出入。2000—2007年，部分统计口径发生了变化，在整理成统一的数据库时，需要调整新旧统计口径，使其一致。

　　该数据库并没有专门对破产进行统计。因为国内实际上并没有一个通用的破产程序和破产登记制度，所以我们用间接方法定义企业破产变量。上文我们定义破产是企业经营衰败的过程，但如果从实证分析的角度看，这样的定义未免太过于笼统，无法进行具体的实证分析。针对数据库中的统计字段，我们将可操作的经营不正常定义如下：①依据企业在数据库中是否持续存在来判断其是否破产，如果企业在（$t-1$）年还存在于数据库中，而在t年和t年之后不在该数据库中，就可以将该企业界定为t年退出的企业。另外，"营业状态"也可以为这种判断提供旁证。只有在（$t-1$）年存在，而t年和t年以后不存在，且此后营业状态为停业的记为破产。值得一提的是，这种界定只是粗略的，实际上由于数据库中统计的是规模以上的工业企业，我们并不知道企业退出的具体时间。一些企业可能由于规模下降而没有再进入数据库，但却没有退出。还存在这样的情况，一些国有企业在改制过程中更换了企业代码，当某个企业代码消失后，无法识别企业是退出了，还是改制了。还有一些企业因为规模靠近"年主营业务收入500万元"的边界，反复出现和消失在数据库中。这些都会导致对退出企业的计算出现误差，但总体上来说，我们认为，这种方式可以得到一个比较可靠的退出的数据。②如果企业不能正常还本付息，且这种状况持续了两个年度，则认为该企业经营状况不正常，或者说已经开始进入破产的边缘，即使它仍处于营业的状态。根据数据库中的指标设置，本文设计付息率指标来进行测算，付息率等于已付利息与银行贷款之比。我们认为，如果企业在正常经营，则付息率应该大于0，且保持一种平稳状态，如果出现了非平稳变化，则认为经营状况发生了异常，我们将这种异常看作是到达破产边缘。③利润为0或负值也是经营不正常的另一种体现。在上述数据库中，包括营业利润和利润总额两个指标，我们选取营业利润指标来衡量经营状况。因为利润总额指标中还包括其他一次性、非正常收入，比如固定资产出售等。因此，不能很好地代表企业的经营状况。

因此，本书的破产含义包含上述3种情况。

该数据库中的企业，无论从行业角度看，还是从地区角度看，都非常广泛。从扩大样本容量和选择平衡样本的角度看，具有很大的优势。但如果将所有地区、所有年份的数据都包含在模型当中，会给模型运算带来非常大的困难，因为破产行为本身不会有地区差异，所以本书只选择了黑龙江、吉林和辽宁3个省的数据进行研究。选择这3个省的原因在于，在20世纪90年代中期，东北三省的国有企业是破产国有企业比较集中的省份。在研究时段上，本书的时间跨度为1998年到2007年。正好涵盖了国有企业政策性破产大规模开展的时期。因此，模型在时间的跨度上满足了充分样本的要求。

第三节
公司治理理论对破产的解释

一般认为，在正常经营的状况下，好的治理结构可以帮助公司取得良好的业绩；但反之会如何呢？在非正常经营阶段，良好的公司治理结构是否也有助于公司走出财务困境呢？已有文献在这方面有不少讨论。

1. 有效率的破产程序的启动是债权人对管理层滥用权力的威慑

在公司尚未陷入财务困境时，债权人从防止破产的角度，往往通过调整债权的期限来降低由于管理层经营不当所产生的违约风险。Barclay et al.（1995）考察了1974年到1992年间的3万多个样本，结果表明，当代理成本上升时，企业会考虑缩短负债的期限。Guedes et al.（1996）则考察了1982年至1993年之间美国公司公开发行的7368个企业债期限结构的决定因素，他们发现企业可以通过缩短负债期限来控制代理问题。

如果公司已经陷入财务困境，从解决财务困难的角度，Aghion et al.（2001）提出了债务重组成功所必须的条件：首先，破产后企业的价值应最大化；其次，具有威慑惩罚管理层的约束力。Aghion et al.（2001）还对解决困境的4种手段（拍卖，结构谈判，政府主导的重组，自动财务重组）的局限性进行逐一评论。文章指出，自动财务重组，意味着将债权人手中的债权转换为股权。这种方法忽视了债权和股权之间的利益冲突：管理层更愿意独享控制权，不愿意让企业陷入清算的境地。而且，经理人市场的运行也没有好到可以迫使他们出让控制权的程度。因此，债权比股权更能发挥约束管理层的作用。但自动财务重组使这种机制失效，因为它赋予管理层延迟，甚至取消部分债务的权利，而且不必担心会受到惩罚。

因此，如果公司已经陷入财务困境，在合约不完全，同时对管理层的监督信息不对称的条件下，最好的解决管理层在重组阶段滥用权力的方法是，赋予债权人在管理层没有实现重组的目标时，启动清算过程的权利，这是获得有效率破产重组的先决条件。Hart et al.（1994）也持类似的观点。

小结：

如果债权人在事前对管理层的滥用权力行为实施有效监督，那么破产的可能性会降低；如果公司已经陷入财务困境，则债权人主导的重组是对管理层的有效威慑。

2. 破产与否是股东与管理层之间冲突的结果

Donoher（2004）认为，是启动重组还是破产清算，这通常是一个各方利益互相平衡的过程，在这个过程中，至少有三方试图将自己的意图贯彻到董事会的决策中，包括股东、债权人以及管理层。标准的委托-代理理论认为，经理人最大化自己而非股东的权益，因此，在做出破产与否的决策时，所依据的原则并不是股东的财富最大化，而是管理层的收益最大化。对于管理层来说，最重要的财富是不可分散的人力资本，他的行为偏向于风险规避。若他们持股或拥有期权，他们的利益会与股东趋于一致。但一般认为，相较于股东，经理人更倾向于选择破产清算，而非重组。因为在后一种情况下，现任的经理人通常会被撤换，而在破产清算过程中，他们还可能处于主导地位。

为扭转经营状况不好的局面，企业可能会进行新的投资项目。在选择什么样的投资项目时，股东和管理层的意见通常也不一致：股东更愿意选择风险高，但同时回报也高的项目，以获得更多的利润，而管理层，他们的目标不是利润最大化，而是风险最小化。因为如果项目失败，企业真正破产，他们不仅会失去财富，也会失去地位，他们对项目稳定性的追求会抵消股东和债权人对更高风险和更高利润的追求。

> **小结：**
>
> 在股东与管理层之间，股东，尤其是处于集中度更高的股权结构下的股东，更倾向于破产，而管理层因为财富更多地集中于人力资本，更倾向于重组。因此，如果管理层在董事会中任职的比例更高，则企业破产的可能性更小，反之，企业更容易走向破产。

3. 破产与否是股东和债权人的博弈

从债权人与股东的角度看待破产，更像是债权人与股东之间的一次博弈：债权人在一定的条件下，会出让一部分控制权，而不是像《破产法》所规定的那样，独占控制权。债权人做这种选择，是希望获得重组，而不是破产。因为重组，可以使他的福利获得改善，而倒闭通常会使债权人一无所有。因此，Gilson（1990）提出积极的重组理论。他们将债权人看作委托人，而将股东看作代理人，用类似委托-代理理论来解释债权人与股东之间的博弈。他们认为，在企业陷入财务困境时，债权人和股东不是立即申请破产，在此之前，存在一个谈判过程。一般《破产法》规定债权人处于绝对优先的地位：只有在债权人的本金和利息得到求偿满足后还有剩余，股东才能获得剩余索取权，很多情况下，他们可能一无所有。为避免出现这种结果，债权人愿意支付给股东在重组后的公司的股权结构中拥有一个正的比例，以使破产过程更短，以及股东在濒临破产阶段愿意更大程度的合作。否则，股东将利用自己的私人信息，转移甚至掠夺公司财产。债权人还会考虑资产的时间价值，求偿地位高的债权人为了获得更高的资产现值，或者说，避免使重组过程陷入冗长的诉讼过程，可能会接受利益受损的重组计划，而不一定坚持债权人绝对优先的原则。

债权人愿意支付的比例处于0～1之间，如果取0，即仍然遵循债权人绝对优先的原则，则股东会利用自己的私人信息，以及与管理层更紧密的联系，掠夺财富；如果取1，则债权人会一无所有。所以，最终的取值会在0～1之间。他们认为，将要破产公司的资产价值越高，债权人对股东的付出意愿也越大。另外，在破产前，如果股东在公司资产处理方面的自由度越大，则破产过程所产生的"代理成本"会促使债权人选择付出更高的比例，以换取与股东的合作。同时，二者谈判的时间越长，股东在重组公司中所占的股份也越高。为了提高债权人对股东承诺的可信度，一般是通过可转换债权和发行新股来实现的。而且，通常大的债权人是银行或其他金融机构，他们很重视自己的声誉。

Jensen（2002）认为，股东和债权人在管理公司方面的利益大相径庭。股东希望将所有利润作为红利分配，在公司即将陷入关闭的境地时，股东这样做的积极性更高。因为如果此时不发放红利，公司关闭后股东会一无所有。因此，为将自己的持股成本转嫁到债权人身上，股东往往进行一些可能带来更多收入，但同时风险也更大的投资。为避免这种倾向，只能通过高的财务杠杆，减少股东可支配的现金流。再比如，股东可能会对净现值为正值的项目投反对票，因为项目的正收益最终会全部归债权人，而不是股东，因此存在投资不足的可能。同时，股东会进行风险更大，但收益可能也会更大的投资，希望能改变破产的结局，因此存在过度投资的可能。可以大胆假设，倒闭是解决股东与债权人之间代理问题的极致手段。因为在公司进入破产程序的背景下，法院会指定受托人处置公司的财产，这个受托人是代表债权人而不是股东，破产程序的启动，是对债权人的一种保护，防止股东对公司资产的肆意挥霍。

在与股东的博弈过程中，银行类债权人发挥了更重要的影响。Gilson et al.（2000）发现，通常银行作为最大的债权人，在企业重组的过程中会获得控制权。与分散的债权人相比，银行的组织更完善，也拥有更多的关于企业经营状况的信息，因此，他们可以对管理层施加更大的压力，无论是在破产还是重组问题上，谈判力更强，比其他债权人处于更高的优先地位。其次，银行可以许诺提供更多的融资渠道，而分散的债权人无法提供更多的资金，所以，银行的债权处于更优先的地位。因此，银行有足够的积极性和能力去挑战绝对优先原则（absolute priority rule，APR）。另外，从提高重组效率的角度看，银行获得控制权也是有利的：从降低寻租成本，避免很高的诉讼费用的角度，将更高的求偿权赋予银行是有利的，因为他们的本金损失平均更小；从冲突最小的角度考虑权益再分配，如果将更多求偿权分配给小而分散的债权人，他们会在诉讼和游说上花费更多，对公司的价值会有很大损害，而银行会因为专业性和有关信息获得的便利性使得这方面的损失更小。

Gilson et al.（1990）认为，成功的债务重组与公司获得的银行支持呈正相关；而Asquith et al.（1994）和James（1996）则认为，债务重组从来不是银行单方面的削减债权。避免破产的关键是如何重组公共债权，而非私人债权。

如果银行参与，并同意用优先债权代替债权人手中的普通债，可以解决分散的债权人不同意而导致重组无法进行的问题。如果普通债权人都抱着这种心理，可能导致逆向选择问题：如果不同意，则能获得更好的重组条件。银行则会通过削减债权使普通债权人提高优先级别的情况变少。

按照James（1996）的说法，如果银行同意削减本金，则债权重组的成功比率最高；而如果银行要求更多担保，则重组成功的比率最低。所谓成功，是指重组在两年内完成。在他的样本中，普通债与优先债的平均转换比例是0.78：1，而普通债的削减比例是32%，如果有普通债转优先债的计划，则削减比例会更低，为18%。在银行削减债权后，企业的偿债能力比率获得了极大改善，与没有削减债权的企业的相应比率有显著差异。

Noe et al.（2000）认为，银行在破产企业中债权的大小与削减债权的比例之间并不是单调的关系。一般情况下，债权人的地位会随着他的债权价值的增加而增加，到达一个峰值后，债权人会愿意做出很大的妥协，以避免出现破产的结果。

小结：

股东、债权人以及管理层的力量对比决定了公司是否破产。如果股东的力量最大，企业更不容易破产。在股权结构集中以及外部股东较多的情况下，这种倾向更显著。如果债权人的力量最大，公司更容易选择破产。债权人的分散程度与他们的力量呈反向关系，即债权越分散，债权人的力量越小，他们对股东的妥协也越大。

股东与债权人的合作程度决定了重组成功的可能性。如果债权人削债的比例更大，或债转股，则意味着双方合作融洽，企业重组成功的可能性更大。反之，重组失败的可能性更高，公司会陷入清算。

4. 从成本—收益角度做出破产决定

Webb（1987）将破产看作是股东和债权人之间的两阶段非合作博弈过程。他认为，作为利益相关者，债权人和股东在做出破产的决定时，必然会考虑破产的成本和继续经营的收益，只有破产成本小于继续经营的收益时，主动的破产决定才会发生。破产的成本不仅包括直接成本，如司法费用、会计费用和管理人员处理破产事宜所产生的费用，而且包括间接成本，比如债权人因资产无法转移所产生的机会成本，资产价值在破产过程中发生的损耗，以及由于消费者转向其他厂商所带来的利润损失等。

在不希望企业清算的前提下，降低破产成本，对理性的债权人和股东都有利。如果谈判无成本，根据科斯定理，新的合约会在双方之间达成。他们证明，新合约满足他们的参与条件。运用博弈论的逆推法则，在完全信息的条件下，预测到第二阶段的结果，第一阶段的债权和股份就能反映各自的价值。因此，在完全信息和科斯定理的背景下，债权人和股东之间存在重订契约的众多可能，不会最终走向破产。而在非完全信息的背景下，债权人和股东对法院采用什么样的原则在双方之间分配利益不拥有完全信息，且公司在破产登记后会表现更高的存续价值，还是相反，也是无法事先得知的。这都使得重订契约时，债权人和股东的收益受到不确定性的影响，同时因为消除这种不确定性的成本太高，因此，双方所能签订的，也还是普通的债务合同，不过是考虑了破产成本的合同。

Gilson et al.（1993）从重组的成本角度提出，如果债权掌握在数量众多的、分散的债权人手中，改变本金、利息以及期限长度的债务重组，必须获得每一个债权人的同意。在债权高度分散的条件下，这几乎是不可能的。可能的方法是兑换要约：债权按照一定的条件转换成新的公司的股权。如果债权人预期自己所持有的债权价值更高，那么就不愿意转换成股权。因此成功的债务重组需要一个强制的转换要约。实证研究发现，公司的债券价格确实在要约发出时上涨了，因此债权人更有可能抵制这种要约，债务重组被迫中断。在Kahl（2002）看来，债权人的数量对重组的难易程度也有一定影响：除银行外，如果还有一些不合作的、没有将债权转换成股权的债权人，而且人数众多，以至于银行无论是采取债转股，还是采取债务展期的策略，所获得的收益都要分很大一部分给不合作的人，他们的积极性会大大下降。

Kahl（2002）指出，一般的重组研究都假定债权人对重组的成功拥有充分的信息，但事实并非如此。因为没有获取充分信息，债权人在重组过程开始后，为保留对重组的干预权，采取"有控制的重组"策略，即继续持有债权，仅仅进行展期，而不是将债权转换为股权。这种策略下，债权人在万一重组失败时，迅速介入并获得更多补偿，而不仅仅是获得清算收益。在获得充分的信息，并确定重组会成功时，债权人才会决定增加投资，或者将债权转化为股权；对于重组没有希望的公司，则会选择清算。如果债权人是银行，他们通过观察公司的投资项目，更容易确定企业类型——是可持续经营的，还是会破产的。因此，他们对重组为什么会持续很长时间的解释是，债权人要花费很长时间来确定重组是否有效率、投资或者清算的决定是否正确，而不是像以前的研究所认为的那样，是利益相关者之间的利益冲突所致。

Hotchkiss（1995）认为，债务重组的低效率是因为将权力更多赋予管理层，而管理层有避免清算的倾向，他们会不惜一切代价使公司继续经营，即使这种决定与债权人的利益相悖。

小结：

从费用的角度看，破产的成本越高，破产的可能性越低，反之则越高。破产费用包括财务费用、司法费用以及管理费用等。其中，财务费用和管理费用是主要部分。

从成本收益比较的角度看，如果破产的收益大于继续经营的收入，主动的破产就会发生；否则，破产或重组过程将陷入停顿。

5. 从组织崩溃和重组协调的角度看待破产

组织理论认为，发生关闭的现象，是因为组织的存在缺乏合法性，从而导致组织内部不同合作方之间关系的破裂，而原本这种关系能为组织提供重要的生存资源。而之所以缺乏合法性，是因为一些参与者的行为不符合一般认可的规则，从而导致其他参与者的退出。

D'Aveni（1989）从组织理论的角度探讨了这种合作各方失去共同理念的过程。他指出，公司的可依赖程度，决定了它是否可以生存。他认为，一个公司的可依赖程度由两类因素组成，一类是财务状况的健康程度，特别是财务杠杆；另一类是高级管理人员的可信任程度，比如，他们是否受过良好教育，拥有良好的社会关系等。他的实证检验显示，添加了管理层可信任程度的指标后，能够很好地解释并预测组织的存活与否。

Bernhard（2004）认为，对于已经处于困境的企业来说，区分合格的管理者和不合格的管理者尤为重要。如果将合格的管理者误认为是不合格的，可能会促使他们做出一些不利于企业走出困境的行为，比如建立自己的"私人王国"、过度在职消费、懒惰以及高风险的投资行为等；而将不合格的管理者误认为是合格的，他们会误导债权人，尽量降低企业破产的可能性，比如贱卖资产、假装忙碌以及遵循过于保守的投资策略等。

小结：

管理层可信任程度与企业破产可能性呈正相关：管理层学历水平越高，公司的可信任度越高，因此也越不容易破产；反之，管理层学历水平越低，可信任度也越低，也更容易走向破产。[①]

从信息不完全或不对称的角度看，在控制了行业和地区因素后，信息公开程度越高的上市公司比非上市公司越不容易破产，或者说，在经营不善的初期越早被发现；同样是上市公司，外部董事比例越高，越不容易破产；而对于非上市公司，用外部融资水平代表信息对称程度，外部融资水平越高，越不可能走向破产，反之则越容易。

---

① 他们所得出的管理层的可信任程度与学历相关的结论是基于实证分析的。管理层的这种可信任程度是大样本意义上的。

6. 所有制结构对破产的影响

中国独特的所有制结构在破产问题上也有充分的体现，所有制结构最大的特征在于，国有经济与民营经济的差别。

对于国有企业，公司治理结构不完善被认为是导致亏损，乃至破产最主要的原因。一般认为治理结构包含如下方面：董事长与总经理两职合一、第一大股东的持股比例以及独立董事所占比例等。比如，陈燕等（2006）从上市公司财务危机角度验证大股东的利益侵占与利益协同理论，研究结果表明，大股东持股比例、国有股比例、董事会规模对公司发生财务危机概率均具有显著的影响，并指出通过优化公司治理结构，可以降低公司发生财务危机的概率。但是上述的治理结构不完善是通常意义上的，并不是国有企业特有的。或者说，在民营企业中同样也会出现。而国有企业所特有的治理结构缺陷，则主要与委托人缺位有关。

关于这点，张春霖（1995）有很好的描述：从剩余索取权来看，个人在国有资产收益中的份额是无法定义的。因为法律不承认个人对任何份额的国有资产收益有索取权。如果把个人作为初始委托人，不可能回避的一个问题就是，个人作为初始委托人并没有定义良好的支付函数，只有通过共同体才能实现这种权利。

李春景（2002）认为，在个人剩余索取权缺失的背景下，国有资产经营的授权主体，即国有股持股机构模糊不清，委托人职责多分散在国资、财政、经贸、劳动、组织等各个职能部门。国有资产委托主体（授权主体）不明确及委托职责的分散化，必然使经营者缺乏来自投资者的强有力的约束，出现内部人控制现象。

王亮（2001）进一步论证，经理人员与政府博弈的结果是：一方面利用政府产权上的超弱控制，形成对企业的内部人控制；另一方面，又利用行政上的超强控制转移经营风险，将经济性亏损推诿为体制因素。倪铮（2007）通过考虑企业破产的社会成本和银行监督功能的债务合同，认为考虑破产的社会成本会使国有企业不那么容易做出破产的决定，因此银行在面向国有企业的贷款决策中，比民营企业更少进行事前筛选。

在国有股占绝对控股地位或相对控股地位的情况下，国有资产的委托主体、国有商业银行对企业的破产倾向也会施加不同于经典治理结构理论所讨论的影响。

小结：

国有企业的所有者缺位引起的内部人控制是国有企业走向破产的最重要的理由。

第四节

经典破产实证模型

关于破产预测的实证研究，早期大多是从企业的财务指标出发，以找到能准确区分倒闭企业和正常企业的财务指标或财务指标组合。在这样的背景下，企业倒闭纯粹是一个财务问题，而非经济问题，所选用的指标也是基于经验的，没有也不需要理论基础。

但如果不仅仅将破产看作一个会计事件，将其看作一个可以用经济学理论解释和预测的事件，那么，就不应该仅仅用财务指标来解释破产，而应该将具有理论含义的变量包括在内。或者，赋予财务指标相应的理论含义，不但能解决以往财务模型缺乏理论基础的缺陷，也对模型的一般化有很大帮助。

公司治理研究对绩效的研究方法，一般采用联立方程、虚拟变量回归、Probit模型与因子回归等方法（巴加特等，2010）。联立方程要求误差分布和函数设定满足强的约束条件。如果不满足这些条件，模型是无法求解的。在破产问题的研究中，因为无法肯定函数形式和误差能够满足这样的假定，因此，本书舍弃了联立方程的设定。

本书采用的方法是与Probit模型类似的线性概率模型。线性概率模型的最大优点是它的非参数性对函数形式和误差分布没有很高要求。虽然线性概率也有系数只反映相对值，不具有特别强的解释能力的缺点，但从数据本身的代理特征出发，本书选择了线性概率模型。

本书对线性概率模型中的自变量做了一定改进：没有单纯采用财务模型中的指标，也没有只采用公司治理研究中的股权结构等指标。而是将公司治理理论中的利益相关者代理变量与传统的财务变量混合，作为模型的自变量，以破产或正常经营为因变量（这点与传统财务模型一致），对破产这一现象重新进行解释。我们认为，通过赋予传统财务模型更丰富的理论内涵，可以使模型具备更强的解释力。对于实证模型的形式，也需要在不同的实证模型之间选择，寻求最适合的形式。

1. 破产预测模型开端：财务指标的简单排序

对破产或关闭的研究，始于专家评分系统（credit scoring），直到现在，它依然是像标普、穆迪这样的国际评级机构衡量信用风险时所使用的主流方法。专家利用信誉（character）、财务杠杆（capital）、资本充足度（capacity）以及担保情况（collateral）等信息形成对企业财务状况的主观判断和评分。根据经验和行业一般状况，对"4C"法进行5档分类，并对每一类的状况进行具体描述。根据评级结果，得出正常还是关闭的结论。如Rosenberg et al.（1994）所说，建立在"4C"法基础上的专家系统（expert system）法仍然是判别破产的流行方法。只不过，新的专家系统在传统的"事实—结论"的基础上，对是否被授予信用的过程做了更详细的解释，这也被称为中间层。从理论研究的角度看，评分法和专家系统法都缺乏理论基础，使得结果像个"黑盒子"（Barakat et al.，2010），通常建立在专家的主观判断基础上，而主观判断的可延展性较差。

沿着评分的思路，更规范的方法是比率分析。Altman（1968），Altman et al.（1977），Collins（1980），Ohlson（1980），Platt et al.（1991）等都采取比率分析方法对破产问题进行过研究。他们所采取的比率分析主要是两分法，即将样本数据按大小排列，在中位数附近选出关键值，如果样本观测值大于关键值，就归于倒闭，如果样本观测值小于关键值，就归于非倒闭。Boritz（1991）曾经采用65个指标进行比率分析，Hamer（1983）的分析认为，所选择的指标与比率分析的准确性没有直接关系，但Karels et al.（1987）却认为恰恰相反：如果仔细选择指标，对提高模型的预测准确性有很大帮助。在实际应用中，选择关键值是一个试错过程，分类的正确与错误只有在决策完成后才能看到，因此，关键值的确定无法完全准确，且总体关闭的预测与样本也可能呈现很大不同。

比率分析操作简单，但其运用需遵循一定前提，比如规模对比率分析有很大的影响，因为企业的偿付能力往往与规模相关，因此，比率分析应该在同行业和同规模的基础上进行，因为同样的比率对于不同规模的企业，是否产生破产的结果，答案可能并不相同。其次，比率分析有时无法对关闭预测提供明确的答案：A企业比B企业的偿付能力更高，并不能说明A企业的关闭可能性低，如果B企业的偿付能力很差的话，比B企业好并没有特别的意义。比率与其说可以预测关闭，倒不如说可以预测重大事件，而关闭仅仅是重大事件之一。

比两分法更进一步的是均值分析：将正常组和关闭组样本数据分别求平均值，得出正常组均值和关闭组均值。如果关闭和不关闭的两组样本的分布很密，或者说，每组样本的均值几乎没有重叠，则均值分析法非常合适。因为均值不重叠，意味着两组样本之间差别明显；而如果均值很松，或者说重叠很严重，则用均值分析法无法对两组样本进行有效区分。

2. 经典判别模型：判别分析模型

比率分析操作简单，但不同比率可能得出不同的结论。而且，针对某一个企业所得出的结论只能应用于该企业，无法应用于其他企业的破产分析。建立在数理统计上可获得稳健分析结果的模型，才能避免此类问题。

单变量的判别分析（discriminant analysis，DA）模型以及在此基础上发展出来的多变量MDA（multi-data analysis）模型是将统计方法用于预测企业破产最早的模型。

单因素DA模型与两分法类似。首先利用单个财务数据，比如前1~3年的资产回报率，计算指标均值，然后比较样本实际值与均值，如果样本实际值高于均值，则认为是危险的，如果样本实际值低于均值，则认为是安全的。与两分法相比，DA模型在分类的过程中，采用更多统计方法，使得检验结果更准确。比如将样本分为控制组和对比组，使用控制组，获得能显著分离两类样本的指标后，用于对比组企业的破产预测。所谓显著分离，指的是在权衡发生第一类错误（将破产企业误判为正常企业）和第二类错误（将正常企业判定为破产企业）的成本后，所能接受的显著程度。从统计角度看，追求更低的第一类错误，通常也意味着发生第二类错误的可能性更高；反之，追求更低的第二类错误则意味着犯第一类错误的可能性更高。因此，不可能获得两类成本都低的最好结果，只能权衡，获得可接受的结果。一般情况下，由于第一类错误的成本远高于第二类错误的成本，因此，使第一类错误成本更低的指标，更容易被接受。

从已有的DA模型看，能够显著分离两类样本的财务指标包括如下5类：财务结构、偿债能力、盈利能力、经营效率和成长能力。每一类指标下又有若干具体的财务指标来衡量。比如财务结构指标可以由负债/总资产、负债/净资产、流动负债/总资产、固定资产/总资产等指标来体现，但不同的研究采用不同的指标，这种不同可能与数据获取、研究习惯等有关，而对研究结论不会产生太大影响。

因为采用不同的指标可能产生不同，甚至相反的结果，使得判别变得难以抉择。研究者试图利用不同财务指标的线性组合，即MDA模型，获得比单因素指标更准确的预测指标。MDA模型的具体做法是，对每一个问题企业，找一个正常企业作为控制组，将样本混合，然后重新分组；以控制组的多项财务指标作为自变量，破产（取1）和正常（取0）作因变量，获得每个指标的回归系数，将系数重新代入回归方程，获得因变量的估计值，对这组估计值排序，并在正常与破产之间划定关键值，称为Z值；将用控制组得出的回归系数与实验组的相应指标代入方程，得出因变量，并与Z值进行比较，如果大于关键值，则关闭，如果小于关键值，则正常。Altman et al.（1977）开发的7因素的ZETA模型，就是MDA模型的代表。它的本质内涵是，用会计和市场指标的线性组合来区分两组样本，即使组间方差最大而组内方差最小。

Altman（1968）的分析表明，Z值小于1.81的企业判定为关闭，Z值大于2.97的企业判定为不关闭，在两者之间的是灰色区域。他认为，MDA模型准确性相当高，发生第一类错误和第二类错误的可能性都在可以接受的范围内，第一年样本的准确率可以达到90%以上。第一类错误和第二类错误分别只有3%～4.5%，比两分法和单因素DA模型都低。

MDA模型有着广泛的适用性，这可以从Altman et al.（1997）对22个国家从1968年到1996年预测企业破产的研究所做的回顾中看出来。在近30年的研究中，采用MDA模型进行研究仍是主流的方法。虽然，新的研究对经典的MDA模型做了一些拓展，比如自变量非线性假定、为减少多重共线性而进行的主成分分析方法以及加入考虑行业特征的变量等，但从预测准确程度和误判成本两方面权衡后发现，经典模型继续保持自身的优越性。例如在针对意大利企业破产的研究中，将MDA模型和神经网络系统模型的预测进行比较（Altman，1994）后发现，MDA模型具有更好的稳定性以及更低的模型调整成本。

当然，线性的MDA模型也有自身无法解决的问题，比如每个指标的权重确定，往往比较主观。而且线性模型的基础是最小二乘估计，假定组内变量间的方差相等，才能用线性模型来估计。如果变量之间的方差不等，则必须用非线性模型进行估计，否则得出的结果将是有偏且不一致的。

Martin（1977）迈出了银行关闭实证研究方法从线性向非线性方法转变的关键一步。他假定企业破产的风险服从Logit模型分布，即累积分布函数，而非线性函数。在Logit模型假定下，自变量不需要遵循正态分布，因此，可以是离散的，甚至可以是虚拟变量，因变量最终取值在0~1之间，而不是负无穷到正无穷。函数关系采取Probit或Logit模型。线性模型的缺点是，因变量不能控制在0~1的范围内，对事件发生的解释有一定困难。Probit模型和Logit模型的分布分别为正态分布和Logistics分布，可以使因变量控制在0~1的范围内，便于进行概率分析。其次，在因变量为离散变量的前提下，普通的最小二乘估计方法所得出的结果是无效的，必须采用极大似然估计方法。这时非线性模型更有优势。以Logit模型为代表的非线性估计也有缺陷。正如Shumway（2001）所说，Logit模型估计容易产生向下的偏差，因为同一样本不同年份的观察值被认为是独立的，但实际上，同一样本不同年份的观察值之间很有可能相互关联。

无论是MDA模型，还是Logit模型，自变量仅选择财务指标。

Shumway（2001）建立了分时风险模型（discrete time hazard model），同时考虑财务指标和市场指标。因为市场指标可能更快地感受到企业的未来，而不是通过历史来推测未来。此外，与传统方法的静态研究方式不同，它的最大特征是，考虑了破产事件本身的动态特征。在考虑了时间因素的基础上，分时风险模型不仅使用倒闭当年的数据作为样本，也使用之前的数据作为样本，大大提高了样本容量和预测精度。而且，避免了MDA模型"事先选择"样本，造成估计结果有偏和不一致的情况。在方法上，分时风险模型的估计和普通的Logit模型一样，也采用最大似然估计方法，但所选取的自变量不仅包括财务指标（如流动资产/总资产、留存收益/总资产等），还包括股票收益率、收益率标准差等资本市场指标。他的实证研究表明，将财务指标与市场指标结合的模型的预测能力更强。因此，建立在计量经济学发展基础上的分时风险模型是目前预测精度最高、应用范围最广的实证模型。

3. 预测倒闭的其他方法

MDA模型是传统的预测倒闭的方法，也是使用最广泛的预测方法，但由于现实经济中的数据通常无法满足统计假设，导致模型出现无法克服的缺陷。比如，极值数据点偏差、多元正态假设和组间协方差假设无法满足时，MDA模型所得出的结论可能是错误的（Balcaen et al., 2006）。同时，MDA模型仅考虑财务指标，但不同地区、不同行业的同一个指标是否具有可比性是不确定的，因此按照同一标准考察破产的可能性，可能会产生错误的结论。在这样的背景下，开发其他实证模型也就顺理成章了。数据挖掘（data mining）技术的最新进展，也使这一设想变成了现实（Chung et al., 1999）。

（1）递归分割分析。

递归分割分析（recursive partition analysis, RPA）是二元树形结构。根据先验概率和错误分类的成本，将样本分为若干类，也就是树形图的节点。分类的标准是使期望的错误分类成本更小。RPA将样本空间分成多个矩形，而MDA模型只能将样本分成两个区域。MDA模型，首先使组间和组内的方差最大化，然后才按照错误分类成本和先验概率将样本分入不同的组。而RPA，在最初选择自变量以及组的分类时，同时考虑错误成本和先验概率。因此，分类成本和先验概率的变化，对RPA的结果影响很大，但对MDA模型没有太大影响。从分类准确率来看，取决于误判成本，当误判成本较高或较低时，RPA是更好的选择，而当误判成本取中间值时，二者有相当的风险。从准确率的角度看，RPA都大于MDA模型，但从模型的可解释性上看，MDA模型显然超过了RPA。

（2）生存分析。

MDA模型考虑的时间序列通常较短，因为实证研究发现，时间越长，模型预测的准确率越差。一般而言，超过5年的数据的准确率不超过30%，因此，模型涵盖的时间通常都不超过5年。但公司从经营不善到破产，持续的时间可能超过5年，而且模型所选取的时段也有可能没有涵盖企业破产的时点，因此，生存分析中的COX模型考虑时间序列的特征，更适合处理如下状况：估计企业从某个起点到终点之间的生存时间，而不是像MDA模型那样，在某个固定的时点判断企业破产的可能性。COX模型的核心是生存函数。通过风险函数的偏似然估计得出回归系数，再利用回归系数计算基础生存率，最后得出生存函数。若特定时点的生存概率小于某一特定分界值C，则可以判定为财务困境公司；若生存概率大于C，则可以认定是财务健康的公司。与MDA模型相比，生存分析可以避免组内同方差、实验组和控制组间规模行业等各方面必须一致等统计上不太现实的假定，因此，所获得的检验结果也更稳健，但COX模型与MDA模型的优劣没有压倒性的一致结论，取决于误判成本和样本的时间跨度：在第一类误判成本较高的前提下，COX模型不如MDA模型，反之，则COX模型更优。

（3）神经网络系统模型。

神经网络（neutral network）系统模仿人脑对事件分类时采用的方式，是一种由大量简单、互相关联的处理单元（也称为节点）组成的计算系统。每个处理单元都会接受和整合输入的信号，并把它们转换成单一的输出信号；同时，每个处理单元也可以作为其他单元的输入信号被发出。通过神经网络系统模型进行分类，类似于不断提高受欢迎的节点的比重，同时降低不受欢迎的节点的比重，使得对决策空间的分类更加准确。最终，建立训练集，对应输入与输出之间的完美映射。完美映射的标准是最小化平均预测残差，这时调整的过程停止。如果也用决策空间的语言来描述MDA模型，它只能用定量指标，通过直线的方式，对空间进行划分；而神经网络系统模型，可以同时使用定量和定性指标，通过隐藏节点，将决策空间分成任意数目的由复杂边界定义的区域。从分类的准确率来看，MDA模型在短期的准确率较高，而神经网络系统模型，在较长时间的分类准确率可以达到80%以上。

很多研究（Alici, 1996；Tyree et al., 1996）证明，神经网络系统模型的预测准确率高于MDA模型。虽然Altman et al.（1994）并不持同样的看法。因为在他看来，神经网络系统模型在透明性、结论可解释程度方面都不如MDA模型。确实，神经网络系统模型最大的缺点在于结论缺乏可转换性（transportability）（Olson et al., 2012）：因为模型的节点集太复杂，每个节点的比重也很难确定，因此，即使在当前数据集中获得很好的分类结果，也难以应用到未来的预测中。

上述方法可能都比MDA模型能获得更好的分类效果，但问题在于结果很难解释：所谓的"黑匣子"问题，无法确定每个因素对破产的具体贡献，从而也就无法深入了解将公司划定为破产或不破产的原理。也正因如此，MDA模型继续得到广泛应用，而一些更新、更复杂的模型应用却不那么广泛（Desai et al., 1996；Altman et al., 1997）。

第五节

国内实证研究回顾

陈静（1999）以1998年27家ST公司和27家非ST上市公司作为样本，使用1995—1997年的财务报表数据，进行了单变量分析和两分线性判别分析，发现负债比率、流动比率、总资产收益率、净资产收益率4个指标中，流动比率和负债比率误判率较低，在多元线性判别分析中，由资产负债率、净资产负债率、总资产收益率、流动比率、营运资本/总资产、总资产周转率等6个指标构成的判别函数，在ST前3年能较好地预测出经营状况异常。

陈晓等（2000）以因财务状况异常而被特别处理作为上市公司陷入财务困境的标志，用多元Logit回归模型，对中国上市公司的财务困境进行了预测。研究将38家ST公司和132家非ST公司作为样本，通过实验1260种变量组合，发现负债—权益比、应收账款周转率、主营利润/总资产、留存收益/总资产对企业财务困境有显著的预测作用。就判别正确率而言，他们的模型的总体判别正确率为78.24%。

高培业等（2000）采用28个财务指标，运用多元判别分析方法，发现留存收益/总资产、息税前收益/总资产、销售收入/总资产、资产负债率、营运资本/总资产构成的判别函数有较好的预测能力。

吴世农等（2001）以70家ST公司和70家非ST上市公司为样本，采用盈利增长指数、资产报酬率、流动比率、长期负债/股东权益、营运资本/

总资产、资产周转率等6个财务指标，比较了多元判别分析、线性概率模型和Logit模型的预测能力，发现Logit模型的预测能力最强。

长城证券课题组（2002）选取了37个财务指标，采用Logit模型，设计了财务危机预警系统和财务危机恶化预警系统，发现净利润/总资产、投资收益/利润总额、应收账款周转率、营业利润增长率、净资产增长率、长期负债/总资产、净利润增长率、存货周转率等指标具有显著的判别作用。

李华中（2001）选择了1997年全部ST公司和以一小部分1999年ST公司作为财务困境组，按照配对原则从同行业、相近资产规模的企业中选出同样数量的非ST公司作为财务正常组。运用多元判别分析和Logit模型进行判别。从实证结果看，后者的平均误判率为5.66%，前者的平均误判率为14.5%。

已有的实证研究虽然取得了一些结果，但仍存在很多局限性，比如：

（1）数据局限。已有的财务危机预测模型大多是根据上市公司的数据建立的，而对于非上市公司和非国有公司，因为没有足够的统计数据，研究比较少见。这种只集中于上市公司的分析，在代表性上存在一定问题。

（2）财务指标的局限。已有的财务危机系统主要是以财务指标为自变量进行判别和预警的，而财务指标有其自身的局限性：它们衡量的大多是事后反应，而不能包括企业经营过程中的事件的影响。虽然多数学者在模型的建立过程中考虑了规模和行业的因素，但对于不同财务模型之间的解释力并没有进行区分。本书的分析是建立在模型区分的基础上的。

（3）没有考虑公司治理因素对破产行为的影响，使得对破产的研究缺乏相应的理论背景，也使得相关结论缺乏一般性。

第三章

破产典型案例的
描述性分析

第一节

国有企业管理层对破产的影响

虽然经典的公司治理理论和破产实证分析模型提供了研究的基础理论和方法，但中国是否存在应用这些理论和方法的背景，是展开研究的前提。下面，我们首先从利益相关者博弈的角度，利用典型案例，描述中国企业破产的背景。此外，中国独特的所有制因素在标准的公司治理分析中也没有对应内容。不同所有制结构下的利益群体，即使在同样的背景下，行为方式也存在很大差异。我们将从案例的角度，对这些独特现象进行描述。

1. 国有企业管理层对破产的积极推动

在中国独特的公有产权背景下，委托代理问题与所有权和经营权分离背景下的委托代理关系存在相当大的不同。在国有企业中，委托代理问题的表现形式也不表现为市场经济环境下的所有者与经营者之间的矛盾冲突。在国有企业中，委托代理问题最显著的表现形式往往是委托人或者股东的缺位，造成了管理层的强势，或者说，内部人控制。这种强势，在企业的破产决定过程中也有充分体现。下面的案例就是明显例证。

商城县开源环保工程设备有限公司（以下简称开源工程公司）是商城县的地方国有企业。公司始建于1956年，20世纪80年代开始专业生产环保水处理设备，是原建设部、原电力工业部、原国家机械工业局定点生产环保水处理机械设备的专业厂家。该公司破产清算组的文件显示，该公司不仅在全国有较高的知名度，而且跻身全国十强行列，成为全国环保机械生产企业中的重点骨干企业。

杨允鑫，开源工程公司原总经理，1980年进入该公司工作，1998年起担任公司法定代表人。2004年1月17日，在商城县国有企业改革中，该公司由法院裁定宣告破产。破产清算组的文件将该公司破产原因表述为：人员包袱过重，资产负债率高，生产经营难以为继，无力偿还债务。就在该公司被宣告破产之时，一个与该公司名称仅相差"工程"二字的"商城县开源环保设备有限公司"（以下简称开源设备公司）浮出水面，而它的法定代表人是杨允鑫。接着，在开源工程公司被宣告破产一个多月后的2004年2月26日，新成立的开源设备公司与开源工程公司破产清算组签订了生产经营租赁合同，租赁原公司的厂房、设备等设施继续生产经营。工商部门的资料显示，开源设备公司成立日期为2004年8月18日，营业执照发证日期为2005年10月24日。令人疑惑的是，该公司是如何在2004年2月就已经刻好了公司的公章，并开始签订租赁合同的。

2005年12月，商城县一家会计师事务所对开源工程公司的资产进行了评估。评估报告显示：该公司固定资产和流动资产总额为652.18万元。2006年11月16日，破产清算组与杨允鑫签订了产权转让合同，将开源工程公司评估价值为1003万元的资产（包括商标使用权），以679万元的价格整体转让给了杨允鑫个人，也就是说，比资产评估值低了324万元。

开源工程公司既然跻身全国十强，是全国环保机械生产企业中的重点骨干企业，资产转让应该走公告拍卖途径，但是2006年4月28日，该公司破产清算组的产权出让公告却仅出现在河南省信阳市的地方媒体上。公告期限20天内，只有公司原法定代表人杨允鑫新注册的开源设备公司一家报名。于是，在公司破产清算组上报的文件中，最有可能卖出好价钱的竞价拍卖方式，由此变成了"只能采取协议出让的方式进行"。由于只有一家公司参与"协议出让"，因此，不仅多个买家争相加价竞拍的局面没有出现，反而任由一个买家讨价还价，将国有资产的出让价一再压低。

对此，杨允鑫在接受记者采访时说，他本人没有钱来购买公司资产，已付给清算组的150万元是他的合伙人筹集的；至于所欠的500多万元，他已与银行联系好了，等相关权证办好后，就立即用银行的贷款来支付。

在上面的案例中，大家关注的焦点通常是有关国有资产是否流失，或者为什么管理层可以在破产过程中低价获得资产。我们更感兴趣的问题是，管理层在企业破产过程中的作用，或者说，他们在企业面临破产的命运时是否面临某种激励？在上述案例中，管理层希望企业破产。通过破产这种途径，管理层可以将原本属于国有的资产或股份变为私人所有。不止开源设备公司如此，从一些企业改制案例中，经常能够发现，国有企业的管理层，尤其是创办企业或者带领企业走向成功的第一代企业家式管理层，为了降低获得股份的成本，且实现持大股的目标，可能采取恶意行为，导致企业走向破产。因此，我们提出如下假设：

假设1：管理层的推动与国有企业重组和破产正相关。

2. 国有企业管理层对破产的消极等待

在破产过程中，管理层也并非总是如此积极主动。相反的案例也经常出现。

国有企业的内部人控制，可能表现为在职消费，也可能表现为对企业经营的漠不关心。即使在企业面临破产的威胁时，也没有良好的制度或机制促使或监督他们对所经营的企业尽职服务。下面的案例能够提供一个佐证。

北京市油脂公司成立于1986年，注册资金8352.9万元，系全民所有制企业法人，隶属于北京粮食集团有限责任公司。在计划经济时期，它曾经占据北京市食用油市场半壁江山，承担军需民用、机关团体等80%的供应量。但2005年，企业却陷入破产的边缘。根据会计师事务所的审核，北京市油脂公司资产总额约1.2亿元，不良资产8700余万元，负债总额为6100余万元。扣除不良资产后，该公司资产总额3300多万元，资产负债率184.85％。该公司从2003年至2005年10月净利润一直为负值。显然，该公司已经陷入破产边缘。

关于北京市油脂公司破产的原因，北京市第二中级人民法院的调查这样表述："油脂公司前领导人对合资企业疏于管理，涉嫌贷款诈骗，使油脂公司经营状况进一步恶化。油脂公司连年亏损，扭亏无望，不能清偿到期债务。"这里所说的油脂公司前领导就是田成欣。1997年，田成欣与他人开始合伙做期货生意，亏损了5000万元。他想通过银行活动资金，投资期货，缓解资金紧张的状况。当时，北京市油脂公司的四家下属公司经济状况已经有些困难，但田成欣的心思全然不在经营上，他想通过期货大赚一笔。可是，第一笔2000万元的贷款投进期货市场后，不仅没有带来收益，反而造成1500余万元的亏空。

1998年9月，田成欣伙同他人又导演了一出购买20万吨大豆的骗贷大戏。他们通过关系请华夏银行行长吃饭，想申请更多的贷款。在饭局上，田成欣提出贷款购买20万吨大豆的计划，以熟人公司为贷款方，北京市油脂公司所属的东郊粮库作担保，贷款1.5亿元。华夏银行行长听完贷款项目以后，感觉没有风险，当即拍板通过。可在钱被全额提走后，大豆一粒都没有入库。

2000年，北京市第一中级人民法院判决与田成欣一起骗贷的公司拖欠华夏银行贷款1580万元，而北京市油脂公司要为此笔贷款承担连带保证责任。2001年4月，这笔1.5亿元的贷款已经化为不良贷款，其中有1.2亿元因为被投入期货市场而打了水漂。其余的大部分钱款被用来挥霍。在田成欣"大战"期货市场的时候，北京市油脂公司几个下属公司的经营也渐入困境，其中的统益公司曾经打造了"火鸟"品牌，因经营状况不佳，台湾投资公司撤出，2003年初就处于歇业状态。2003年，"火鸟"品牌被北京粮食集团收回后，归入集团下属的北京古船油脂有限责任公司经营管理[①]。

从北京市油脂公司的例子可以明显看出，与前述案例相反，国有企业管理层对企业的经营，甚至破产，都不关心。这种不关注也在一定程度上具有相当的普遍性，意味着管理层的力量与破产的可能性之间不相关。据此，我们提出如下假设：

假设2：国有企业的破产与管理层不相关。

第二节
债权人推动破产

除考虑所有制对企业破产的影响外，本书也遵循标准的公司治理理论中从不同利益相关者的角度，讨论企业的破产。不同利益相关者在破产过程中承担的角色是本书希望考察的主要内容。在公司治理的背景下，利益相关者包括股东、债权人、管理层以及员工。按照这种分类，我们从不同利益相关者的角度对他们在破产中的不同作用给予分析。

首先是债权人。一直以来，国内企业的生产经营严重依赖银行贷款，资产负债率处于较高水平。过高的资产负债率使得银行承担了相当大的经营风险。为企业提供大量信用额度的银行，在企业经营状况恶化

---

① 《北京油脂公司破产内幕 经理骗贷亿元拖垮老国企》，《北京晨报》2007 年 6 月 22 日。

的过程中，是否有动力采取任何防范行为，以降低自身的损失？以往的研究认为，不会。因为国有银行的亏损最终是由政府来承担，比如，四大资产管理公司的成立就是为了处理四大商业银行积累的不良资产，以减轻他们的负担。在这样的背景下，银行不需要，也没有积极性，对企业的经营甚至破产给予关心。事实是否如此呢？是否存在另一种可能：国有银行作为越来越独立的利益主体，也存在最大化利润的倾向。他们不会放任贷款企业经营恶化而无所作为。

郑州百文股份有限公司的破产案例描述了后一种现象。

郑州百文股份有限公司（证券代码600898，以下简称郑百文）是我国最早上市的商业企业之一，其在上市之初也曾创造过辉煌的经营业绩。2000年公司已经严重资不抵债，负债总额高达23亿元，有效资产仅为5亿元。2000年初，持有其债权达20亿元的最大债权人信达资产管理公司向郑州市中级人民法院申请其破产还债，但郑州市中级人民法院以材料不全为由未予受理。

1999年，信达资产管理公司已开始对资产重组的可能性进行研究，争取获得重组机会，以最大限度地回收不良资产。需要注意的是，信达资产管理公司是中国建设银行专属的资产管理公司，专门对中国建设银行旗下的不良资产进行处理。不仅如此，4家国有商业银行，每家都有一个自己的资产管理公司，以处置自己的不良资产。

1993年颁布的《中华人民共和国公司法》没有包含保护债权人的内容。其中只是规定：在企业进入清算程序时，"债权人可以申请人民法院指定有关人员组成清算组"。需要注意的是，债权人不能进入企业，更谈不上接管企业。而国外一般规定，债权人可以接管公司。因此，信达资产管理公司创造性地成立了资产重组委员会，使债权人代表在中国现行法律下，合法地进入企业，董事会所有决策均需经其同意，有效地解决了债权人无法介入破产过程的难题。

为说服郑州市政府接受谈判条件，信达资产管理公司仅与郑州市政府的正式谈判就多达28次，和证监会有关人员讨论重组方案及相关问题18次，先后设计了10多个重组方案，但郑州市政府认为，郑百文资不抵债完全是企业行为，银行的资产风险理应由银行自己承担。多次谈判未果，信达资产管理公司不得已向郑州市中级人民法院提出了对郑百文的破产起诉。但郑州市中级人民法院拒绝受理这一破产申请。

信达资产管理公司不得不转向省外寻找战略投资者以继续推动重组。在经过多方寻找、谈判后，引入了山东三联集团有限责任公司（以下简称三联集团）作为战略投资者，重组各方最终形成了股东与债权人和解，引入战略投资者买壳上市的重组方案。重组方案是，郑百文将其现有全部资产、债务从上市公司退出，转入母公司；三联集团以其下属的全资企业的部分优质资产和主要零售业务注入郑百文，并以3亿元的价格购买郑百文所欠中国信达公司的15亿元债务，包括郑州市政府在内的郑百文全体股东将所持股份的约50%过户给三联集团，三联集团由此实现借壳上市。

重组方案一开始受到很大抵制，所有相关者都不想承担核销债务的损失。但大家却回避一旦重组失败，所有股东权利也将化为乌有的事实。市场化的重组，从来都是债权人与股东共同分担损失的重组。让郑百文全体股东以50%的股份用于偿债，这种损失和代价也是对投资者盲目投资的示警。

而同时因连续亏损，郑百文于2001年3月被上海证券交易所暂停上市，面临永久退市的风险。退市的压力使重组过程得以加速：2001年10月12日，财政部批准郑百文的第一大股东郑州百文集团将所持有的郑百文国有股的50%以零价格无偿转让给三联集团。2002年6月25日，中国证券登记结算有限责任公司办理了郑百文流通股和法人股的过户手续，三联集团共持有郑百文49.79%的股份，成为郑百文的控股股东。

作为最大的债权人，信达资产管理公司一直推动整个重组的进行，直到2008年上半年，才收回了此次重组的全部收益。

银行在破产或重组企业中发挥什么样的作用？郑百文可能是一个特例，也可能不是。需要通过实证分析获得答案。困难的是，郑百文案例，因为其中掺杂了上市公司的壳，使得结论可能不太可靠：上市公司的壳的价值，使得即使上市公司的经营状况很差，也不会影响信达资产管理公司行动的积极性。因为信达资产管理公司可能并不看重郑百文的资产残值是否具有更高的重组价值，而更看重郑百文的壳的价值。对于本文样本中的非上市的破产企业，这样的案例是否具有普遍性，还是未知数。据此，我们提出如下假设：

假设3：银行作为债权人，是企业破产过程中的积极的参与者。

第三节

国有股东和个人股东的差异

1. 国有企业股东的不作为

除了银行作为利益相关者在破产过程中积极行动外，股东也是另一个需要重点关注的利益相关者。在国有企业中，国有股和法人股通常处于主导或控股地位，但他们却没有或无法实施直接监管：层层委托之后的结果是委托人的缺位，导致国有企业经营不善，甚至走上破产道路。从案例的角度看，著名的中国航油（新加坡）股份有限公司［以下简称中航油（新加坡）］巨亏事件就是一个证明。

　　中航油（新加坡）是中国航油集团在新加坡设立的全资子公司。2003年3月28日开始涉足期权交易。2004年1月初，因航空油品价格迅速上涨，期货交易亏损。随后虽然经过两次挪盘，但亏损恶化速度加快。母公司中国航油集团向中航油（新加坡）公司提供了1亿美元贷款，但未能帮助中航油（新加坡）免予被新加坡证券交易所强制平仓。自2004年10月26日至11月29日，中航油（新加坡）已经平仓的期货合约累计亏损约3.9亿美元，而将要平仓的剩余石油期货合约亏损约1.6亿美元，累计亏损5.5亿美元，成为中国海外公司最大的丑闻。

　　产生如此巨大的损失，过错显然不应该由中航油（新加坡）前总裁陈久霖一人承担。由新加坡普华永道会计师事务所公司提供的事件调查报告认为，陈久霖对期权交易巨额亏损负有"首要责任"，但中国航油集团的内控体系同样存在重大过失：由部门经理、风险管理委员会和内部审计部三级组成的内控体系，在事件中全部没有发挥作用。母公司，甚至国有资产管理部门，对于海外子公司的管理层从事这种高风险的投机行为，在长达半年的时间内，完全无动于衷。这足以证明了他们监管的缺位。

　　陈久霖曾向新加坡警方承认，早在巨亏爆发前，他就向母公司中国航油集团汇报过，并请求支援，但随后中国航油集团予以否认，并坚称"不知情"。而事实上，经调查发现，2003年10月陈久霖曾向母公司求援，希望能借到1.8亿美元资金止损，并请示是否按照上市公司规定公布实情，同时陈久霖还警告，此次危机如不平息，损失将高达5.6亿美元。但集团公司没有采取行动，直到2004年11月30日，独立董事获悉此事，中航油（新加坡）才将实情公之于众，随后股价急跌并遭停牌。中航油（新加坡）在2004年12月13日宣布，该公司成立了一家新的全资子公司——中国航油贸易有限公司，开始从事航空油料现货贸易业务，接替原中航油（新加坡）的业务。

从中航油（新加坡）的案例中，我们可以清楚地看出国有股东没有行使自己作为监督管理层的权利。作为委托人，他们放弃了自己的权利，而且大量的研究表明，这种不作为，并不仅仅存在于中航油这一个案中。因此，我们提出关于国有股东的假设：

假设4：国有股东对于企业是否破产不关注。

2. 个人股东面临破产时的积极行动

如果说国内国有股东的不作为是一种常态，那么个人股东是否也同样如此呢？有研究认为，个人股东在企业中处于劣势，尤其是在像本文数据库所统计的相对较大的企业中。因为个人股东通常不处于控股或相对控股的地位，因此，对企业决策的影响力较小。他们通常倾向于搭便车，或行动消极。但我们认为，个人股东并不总是如此，尤其是在企业面临破产还是继续经营的重大时刻。在国有股东倾向于充当消极股东的背景下，他们所留下的行动空间通常由个人股东来填补。个人股东会积极地行使自己作为股东的权利，采取行动，希望通过重组避免破产的命运。因为个人股东不是在股票市场进行虚拟投资的个人，他们是在进行产业投资，而非金融投资。对于投资的效果非常关注。如果投资出现问题，他们会积极参与。下面的案例就是一个例证。

曾被称为"莱芜第一股"的山东华冠股份有限公司（以下简称山东华冠）2009年底出现经营困难，陷入破产状态。根据中国长城资产管理公司济南办事处当时的公告，山东华冠及其关联企业共欠该公司本息17156万元。长城资产管理公司是山东华冠的主要债权人。长城资产管理公司曾于2009年11月2日发布公告，决定对山东华冠进行破产清算。正在这时，以山东华冠的个人股东之一，万国宝通（中国）投资事务中心（以下简称万国宝通）法定代表人艾群策为牵头人的股东集群申请对企业进行重组。据悉，参与重组的企业包括万国宝通等7家企业，分别是万国宝通（中国）投资事务中心、韩国两家著名株式会社、美国美富奇

（国际）集团等两家美资企业、青岛海康宁机械有限公司、武汉万国宝通生物谷股份有限公司（以下简称生物谷公司）。其中，重组的牵头人是艾群策。艾群策本人是万国宝通、生物谷公司的法定代表人、控股股东。而万国宝通是山东华冠的主要股东，有近20年投资银行业务及企业并购重组经验。其他参与重组的股东也是以个人身份进入的：生物谷公司总部位于武汉，主要从事生物工程、慈善、地产行业，当时已经取得深市股票挂牌资格；韩国两家株式会社，其中一家有80余年历史，主要经营化工、食品、医药、饲料、通信、环保等行业，2008年该公司销售额为23亿美元，在中国大陆已有6家独资、合资企业，另一家株式会社是有30余年专业生产管道历史的知名企业；美国美富奇等两家美国公司在节能建筑、五星级安养地产等方面有很高知名度，是纽约上市公司安养公司的股东企业（关联企业）。以上7家企业在新型建材、环保机械、生命科学、医疗科研等方面有广泛的投资。

艾群策指出，他是山东华冠的个人股东，所以对公司的经营发展一直比较关心。山东华冠是很有发展前景的企业，不应该因一时的财务困难就破产。该公司在品牌、技术等方面仍处于全国领先地位。为了重组山东华冠，他及7家企业调研了两年时间，花费了百万余元的调研费用及大量精力。"如果能重组成功，对莱芜市政府、华冠职工、股东、债权人都有好处。相反，如果最终破产，则是多输的局面。"艾群策说。

为推进山东华冠的重组，以艾群策为代表的万国宝通收购了合肥融智人力资源管理有限公司及青岛海康宁机械有限公司，并安排了参与重组的人员名单。万国宝通于2009年10月23日在《安徽市场报》发布公告，告知公司将在11月29日召开股东大会，审议公司及下属公司重组山东华冠的有关事项。股东大会第7项议案就是"审议授权生物谷公司董事会在12个月内全权对青岛海康宁机械有限公司进行增资以便完成生物谷公司对山东华冠股份有限公司重组控股的议案"。万国宝通还聘请了宏源证券投行的专业人士担任重组的投资顾问。根据重组的初步方案，第一期在莱芜的总投资为2.5亿元左右。艾群策的重组计划还包括，引进一个韩国公司的输油管项目，并与武汉某造船厂洽谈此项目，游说武汉市政府划拨了上千亩土地兴建这个项目。他希望将这个项目的一部分放到莱芜，在莱芜火车站附近划拨一块土地运作。

从作为个人股东的艾群策的行为中不难看出，个人股东绝不会坐以待毙。他们在破产过程中积极行动，并产生了良好的结果。因此，本文提出如下假设：

假设5：个人股东在破产过程中行动积极。

第四节
民营企业破产的特殊性

1. 民营企业融资约束导致破产

在民营企业中，通常所有者和经营者是合一的。因此，不存在上文所说的内部人控制式的公司治理难题，但另有一种广为人知的难题，被认为是导致民营企业破产的推动力：融资约束。中国的民营企业一直都受到融资方面的限制，尤其是在宏观金融紧缩的时期，往往是大片民营企业倒闭的时期。有相当多的文献讨论过民营企业的融资难问题（张杰，2000；吴文锋等，2009），但是资金链断裂在导致民营企业破产的因素中是唯一，还是其中之一？其重要性如何？却没有被实证研究过。我们首先从案例出发。

"弹簧胜"在乐清知名度不低，这是人们对浙江永久弹簧制造有限公司（以下简称永久弹簧公司）董事长高志胜的雅称，专做弹簧30多年的高志胜，正为资金一事焦头烂额。经过30多年的发展，永久弹簧公司已成为乐清弹簧界的一个品牌，其产品专为正泰、海尔、韩国三星等大集团公司配套生产，并出口东南亚地区。正当事业蒸蒸日上时，公司资金链的断裂，让高志胜措手不及。

2008年金融危机前，像永久弹簧公司这样的企业到银行贷款，相对比较容易。高志胜坚持做自己的弹簧产业，公司产品在乐清甚至全国都得到认同。然而，2008年受国际金融危机的影响，加上国内原材料涨价、工资上涨等原因，做弹簧利润越来越低。高志胜认为，开矿的利润远高于制造业。于是他从银行贷了一部分资金进行矿产投资，但由于种种原因，矿产投资血本无归。

在破产前，永久弹簧公司有一笔5000万元的银行贷款即将到期，高志胜通过朋友及向社会担保借钱，还款给银行。在还贷时，银行承诺一周后马上续贷。但是一个星期、甚至半个月过后，银行还是没有发放贷款，导致永久弹簧公司的资金链突然断裂。在这笔贷款中，有一部分已承诺一个星期内马上还钱。如果银行能及时放贷，永久弹簧公司可能会渡过难关。但是银行没有兑现当初的承诺。对此银行方面表示，他们也想将贷款放出去，但限于国家政策，他们也无能为力。在资金链断裂后，高志胜不得不请求政府成立清算小组，将他30多年辛苦创下的产业进行清算。从永久弹簧公司的案例，可以明显看出，银行的紧缩是其最终走向破产的直接原因。因此，本文提出如下假设：

假设6：民营企业的破产与融资约束呈正相关。

2. 私营企业追逐风险导致破产

与融资难导致破产的假设不同，也有研究认为，民营企业家的风险意识薄弱，或者说，过度追逐风险，是导致企业陷入困境的主要原因。中国的民营企业是在不公平的竞争环境中成长起来的。相较于国有企业，他们更善于发现新的市场机会，并迅速采取行动。这种决策迅速的优点发展到极致，则可能成为过度追逐风险的行为。江龙控股就是一个典型案例。

江龙控股的发展及其实际控制人陶寿龙的决策都带有中国民营企业典型的传奇色彩。总资产从0到22亿元仅用了短短8年时间，而从22亿元到负22亿元，则只用了不到1年时间。2003年，陶寿龙购买了南方控股集团尚未完工的滨海新厂，于2004年8月更名为浙江江龙纺织印染有限公司并正式投产。2005年，浙江江龙纺织印染有限公司（以下简称江龙印染）实现销售额6.2亿元，净利润达7000万元。然而，陶寿龙并不满足于这样的规模。就在许多绍兴本地企业一步一个脚印发展实业的时候，2006年9月，传来了江龙印染以"中国印染"之名在新加坡主板成功上市的消息。企业在新加坡的成功上市令陶寿龙几乎一夜成名，与此同时也带来了财富和企业扩张需求的急剧膨胀。

在江龙印染上市前一周，2006年8月31日，陶寿龙再次斥资4亿元买下南方控股集团位于绍兴柯桥的南方科技公司，并筹备在美国纳斯达克上市。为了促成南方科技公司的成功上市，陶寿龙斥资2亿元从日本引进10条生产线，上马毛利率较高的特宽印染项目。按计划，企业完成改制后，预计南方科技公司将于2008年10月在美国纳斯达克上市，然而一场始料未及的金融危机彻底粉碎了南方科技公司的纳斯达克上市计划。

上市梦破灭的同时，国内银根开始紧缩，江龙控股的资金链立刻出现了较大问题。2008年10月，陶寿龙夫妇出逃，江龙控股轰然倒下。江龙控股倒闭后，当地政府工作小组入驻江龙控股总部，工厂全面停产。据公开报道，江龙控股欠银行贷款达12亿元，牵涉的民间借贷更是难以统计，有数据称约为8亿元，加上江龙控股欠300多位供货商的货款约为2亿元，其所有负债总额在22亿元左右。高达22亿元的债务，不但损害了无数债权人的利益，还牵连了那些为其提供担保的企业。江龙控股的银行贷款全部由当地龙头企业担保，其中最多的一家担保了4.5亿元。江龙控股破产后，这些企业也即刻陷入困境。

从上述案例明显可以看出，企业追求超高速度发展，超过自身的经营能力，是造成其破产的原因。因此，本书提出如下假设：

假设7：对风险的过度追逐是造成民营企业破产的主要原因。

通过本章的案例，我们提出了关于利益相关者行为的理论假设。这些假设能否得到验证？在后面的章节中，我们将利用大样本数据对它们进行实证检验。

第四章

破产实证研究方法及选择

第一节
模型选择

通过实证文献回顾可以看出，在破产研究中，实证研究方法很多，包括单因素DA模型、MDA模型、Logit分析、神经网络系统模型等。从模型选择的角度，首先应该确定，什么样的模型更适合中国企业破产问题的研究。

在中国工业企业数据库中，1996—2007年的统计数据是16万~19万家企业，在时间序列上取多个截面，是时间序列与横截面数据的结合体，即面板数据。相对于纯时间序列和横截面数据，面板数据不仅可以获得更大的样本，更重要的是，它能够控制个体之间的异质性，减少回归变量之间的多重共线性，增加自由度从而提高估计的有效性。因此，在这样的数据库基础上进行实证分析，将获得更稳健的结果。这也是面板分析在微观计量分析中越来越流行的原因之一。在中国工业企业数据库中，调查的样本点相对固定，属于平衡面板。企业的破产与否是二元变量，通常情况下，如果企业破产，取值为1，否则为0。因为企业破产是一次性事件，不可能在样本期间内发生多次，无法将前一期的破产与否当作当期的解释变量，因此，本书所述的面板属于静态面板。

面板模型的估计分为3种：①混合估计模型（pooled regression model）。从时间上看，不同个体不存在显著差异；从截面上看，不同截面之间也不存在显著差异，或者说，不同截面个体在不同时间的截距和斜率是相同的，就可以直接把面板数据混合在一起，用普通最小二乘法（ordinary least squares，OLS）估计参数。②固定效应模型（fixed effects model）。如果对于不同的截面或在不同的时间，模型的截距不同，可以采用在模型中添加虚拟变量的方法估计这种不可观测的，仅与截面有关，或仅与时间有关的"固定"因素。一般对微观研究而言，更多的不可观测效应是与个体有关，因此，个体固定效应模型是最常见的。③随机效应模型（random effects model）。如果模型中的截距项包含了截面随机误差或时间随机误差的平均效应，并且这种随机误差服从正态分布，则属于随机效应模型。同样，在微观研究中，包含截面随机误差的模型比包含时间随机误差的更常见，因此，更多的是指截面随机误差模型。

首先，必须选择合适的估计方法。如果估计方法有误，则不仅参数估计有偏，且通常估计是不一致的。因此，在开展正式的实证研究前，必须选择模型的估计方法。在选择标准上，通常采用F检验决定选用混合估计模型还是固定效应模型，如果F检验拒绝原假设，则表示无约束回归，即固定效应模型是正确的设定，而无约束回归，即混合回归是错误的设定；拉格朗日乘数检验可以在混合估计模型和随机效应模型之间进行区分，零假设成立，则意味着截面随机影响不存在，混合估计模型是正确设定，否则，随机效应模型是正确设定。在排除了混合回归的模型设定后，可以利用Hausman检验对固定效应模型和随机效应模型进行区分。如果拒绝原假设，则固定效应模型是正确设定，否则，随机效应模型是正确设定。

上述检验是针对面板线性模型的，即试图以线性结构拟合随机经济现实的模型。但用线性模型来拟合经济现实是远远不够的，很多不可观测的因素（比如能力）被计入误差项中，导致模型解释能力降低。随着计量技术和计算机处理能力的提高，非线性模型，尤其是非线性面板模型的出现，使得模型对现实的解释能力大大提高。但需要注意的是，与线性模型相比，非线性模型的最主要的缺点是比较复杂，系数通常很难解释。因此，更好的办法是将不满足同方差假设的自变量作一定变形，使之满足同方差假设。然后采用线性模型进行估计。

在本书中，被解释变量（破产、不破产）是离散型的，因而要建立离散面板数据模型。离散面板数据模型有两大类型：面板Probit模型和面板Logit模型。Probit模型和Logit模型的主要不同在于两者采用的概率函数不同，Probit模型采用累积标准正态分布，而Logit模型采用累积对数分布，但估计结果方面两者差异不大。文献中对企业破产的分析大多选用Logit模型。所以，本书也采用Logit模型。至此，本书的模型选择才有了初步结论。

第二节
离散选择模型介绍

实证分析最基本的方法是回归分析，最基础的回归分析是建立在普通最小二乘法基础上的线性回归模型。最小二乘法中的因变量是随机变量，在此基础上估计系数是一致且无偏的。如果因变量表现为固定的两个或几个值，比如，已婚妇女是选择工作还是不工作（假设选择工作取1，选择不工作取0）；在顾客满意度调查中，分为很满意、满意、无所谓、不满意、很不满意5种选项（用1~5分别代表上述状态），这样的模型称为非线性模型，更具体地，称为离散选择模型。因为这类问题中的因变量是非随机的，不能用普通最小二乘法进行估计，只能用极大似然估计方法或分段最小二乘法进行估计。

本书所研究的问题，如果破产，因变量取1，如果正常经营，因变量取0，属于上面讨论的这种类型。

离散选择模型以离散的两个或多个选择结果作为被解释变量，根据选项的多少，离散选择模型可分为两项选择模型和多项选择模型。其中，两项选择模型是更基本的模型形式。两项选择模型中的因变量包含两种结果，比如，劳动力市场上已婚妇女是否参与就业、汇率政策选择中是选择规定汇率还是选择浮动汇率。在本书中，离散选择分别为破产和正常经营。

离散选择模型的基本形式包括线性概率模型、Probit模型和Logit模型。如果不加考虑地选择线性概率模型，可能会造成一系列的问题。第一，因为线性概率模型的残差具有异方差性，造成估计结果不一致。因此，在使用时，一般用广义最小二乘法进行处理。第二，运用线性概率模型估计出来的$Y=1$和$Y=0$的概率不在（0,1）区间内，这样的结果是无法解释的，且这种缺陷是无法补救的。因此，很多研究假定误差项u_i采用两种分布函数：标准正态分布和Logistic分布。对于前者，对误差的方差进行正交化处理，可以将单位化为1，使其成为标准正态分布的累积分布函数，通常称这类模型为概率单位（Probit）模型。对于后者，误差项u_i的方差不为1，其分布函数为$F(u)=e^u/(1+e^u)$，称这类特殊的模型为对数单位（Logit）模型。

从应用的角度看，哪种形式更合适呢？事实上，到目前为止，还没有一种统计检验方法来比较两类模型的优劣，在应用中，这两类模型一般能得出类似的结论。两者区别不大，唯一的区别是Logit模型的尾部更厚一些。根据雨宫健（2010）的计算，用Logit模型估计的参数与用Probit模型估计的参数之间存在如下关系：$\beta_{logit} \cong 1.6\beta_{probit}$。只有在两种情况下，两类模型的差别较大。第一种情况是解释变量x_i与误差项u_i相关。这时，

Probit模型优于Logit模型。而一般情况下，关于破产问题的研究，Logit模型更为常见。

第三节
自变量及函数形式选择

虽然根据已有的理论和其他实证文献，可以初步确定影响破产的自变量，但如果有理论意义的变量被删除了，或者没有意义的变量被包含进来，模型就是一个误设（misspecified）或错误的模型。模型设定错误，不仅会使模型的解释能力下降，而且，或者使估计的回归系数是有偏的，或者使系数的标准误膨胀。因此，在建立模型的过程中，应该解决如下问题：

首先，模型设定需要解决的问题是，哪些自变量应该进入模型？在一般的线性回归模型中，R^2能描述因变量的变动中由模型的自变量所"解释"的百分比，一般称为拟合优度；而在Logit模型中，因为采用极大似然估计方法，没有R^2指标，也不能用R^2来选择自变量。如果自变量也是分类变量，采用卡方值和偏差度D代表拟合优度：当二者都充分小，表示预测值与观测值之间没有显著差别，模型选择的自变量是合适的；如果自变量中仅有连续变量，采用Hosmer–Lemeshow拟合优度检验、AIC、SC等信息测量指标也可以比较不同模型的优劣，因此可以作为自变量的选择工具；如果卡方值足够小，或伪R^2足够大，则证明模型中的自变量选用是正确的。

对于Logit模型，自变量进入模型采取逐步选择法：可以是正向逐步选择，即在仅包含截距的模型的基础上，将符合所规定显著水平的自变量依次加入；也可以是反向逐步选择，在模型中包含所有候选变量的基础上，将不符合所要求显著水平的自变量依次删除；也可以采取正向和反向结合的混合逐步选择法。从结果看，以上选择法差别不大。如果Wald检验或拉格朗日检验可以通过，则增加或减少变量的假设可以通过，否则，意味着增加或减少变量的考虑不合适。如果模型的自变量很少，手工增加或减少很容易实现，但如果自变量众多，而且变量之间交叉项使这种状况更严重，手工操作将变得不可能。幸运的是，Stata软件可以完成变量的自动选择。

其次，模型设定需要解决的问题是，如何设定函数形式？在Logit模型中，Logistic函数被用作联系函数，代表了模型因变量与事件概率之间的关系。在正确的联系函数形式下，还要考虑因变量和自变量之间的关系是否是线性和可加的，否则，参数估计将产生偏差。通常检验线性的可行的办法是，按照变量分布的四分位或五分位值将变量值分成4类或5类，然后用虚拟变量代表这些类别，接着用这些虚拟变量代替原来的连续变量，重新估计Logit模型。将每段分位的中值和Logit估计值作图。如果图形显示是无序的非线性的，则说明模型是非线性的，应该考虑用高次项（比如x^2）来建立模型。可加性指的是变量之间存在互动。当因变量与某个自变量的影响取决于另一个或多个其他自变量的值时，互动作用便产生了。互动作用在模型中具体表现形式是$x_1 x_2$。如何确定模型中是否应该加入互动项，一般的方法是比较含与不含交叉项的模型的x^2，如果两者的差别并不显著，则不能拒绝交叉作用为0的假设。

除了模型的误设问题外，数据结构的问题也可能导致参数估计有误。一般需要注意的数据结构问题包括过离散、空单元、完全分离和多元共线性。其中前三种问题相对少见，需要注意的是多元共线性问题。

在平衡面板中，一方面，因为样本不是随机选取，而是重复抽取的，因此，从时序上看，共线性的可能更大；另一方面，本书的模型，除经典的财务指标作为自变量外，还要考虑公司治理因素，因此还加入了其他公司治理指标。因此，自变量的数量大大增加。从经验上看，一般自变量超过5个以上，很难不产生共线性，而本书的自变量为8个，共线性是极有可能的，因此，在正式回归前，必须处理这样的问题。

线性回归中的多元共线性表现为：①模型总体拟合很好，但自变量的偏回归系数几乎无统计意义；②系数估计值的方差很大；③估计系数不稳定，当加入或删除一个新变量时，其他变量的偏回归系数变化很大；④偏回归系数与预期不符。出现这种状况时，应该进行多重共线性的回归诊断。常用的多元共线性的诊断指标包括：①方差膨胀因子。目标自变量与其他自变量的回归系数指标越大，说明共线性问题越严重。与此类似，自变量之间的相关性分析也可以用来判断共线性程度，如果自变量间的相关系数大于0.9，则证明共线性程度很严重。②方差比。如果增减自变量前后模型的方差比在0.5以上，则可认为多元共线性严重。或者，当最小特征根接近于0时，也可认为存在严重共线性。另外，异常点的存在也可能造成共线性。

解决多重共线性的方法包括：①岭回归，其基本思想是给接近于0的特征根加上正的常数矩阵，使其接近于0的程度得到改善；②主成分分析，提取自变量的主成分，使得主成分之间相互正交，相关系数为0，然后建立因变量与主成分之间的回归模型；③偏最小二乘回归，即在自变量中提取m个潜因子，然后建立因变量与潜因子的回归，最后再表示为因变量与原本自变量之间的回归。偏最小二乘回归吸收了主成分分析中提取自变量信息的方法，同时也考虑了自变量对因变量的解释问题。解决Logit模型的多重共线性也可采用上述方法。

在破产或财务困境的研究中，虽然Logit模型的设定形式最常见，但还有一种与破产相关的实证分析方法，即生存分析（survival analysis），经常被采用。生存分析主要关注死亡在什么时间发生，死亡发生之前的时间被称为生存时间，一般在生物医学研究中十分常见。比如考察注射了致癌物质的老鼠的生存状态，观察这些动物的生存时间T；当然，也可用于社会科学或经济学研究中。比如，可建立一个关于失业者用多长时间才能找到工作的模型，也可以建立预测投保人在购买保险产品后的预期寿命的精算生存模型等。虽然，企业的破产可以看作是另一种死亡，但从关注点看，两类模型有很大不同：生存模型更加关注事件对存活时间长度的影响，而Logit模型更加关注是什么样的事件导致破产或死亡，对于存活时间没有太多兴趣。从本书研究的主题看，更关注导致企业破产的因素、什么因素能够预测破产事件等，而对企业能够生存多长时间并不关注，因此，两个模型的侧重点有所不同，Logit模型比生存模型更适合分析企业破产的过程。

本书遵循文献，采用Logit模型分析破产，但在自变量的选择上，与已有研究有最大不同。

我们在前面章节的实证方法回顾中提到，Altman（1973）的多元判别模型（Z模型）选用以下5个财务指标：流动资本/总资产、留存收益/总资产、息税前收益/总资产、股票市值/总负债账面价值、销售收入/总资产。后来的7因素模型选择的财务指标是：资产回报率、收益稳定性（由资产回报率10年变化趋势的标准误给出）、偿债比率（等于息税前收益/总利息支出，再取对数衡量。也称为利息保障倍数）、累积盈利能力（由留存收益/总资产来衡量）、流动性（等于流动比率）、资本化程度（等于普通股价值/总资本）、资产规模（等于总资产的对数）。可以看出，从5因素模型到7因素模型，只有2个因素保持完全相同，其他的指标都做了调整，因为研究发现，对基本的财务指标做一些调整会提高模型的预测能力，使模型更趋于合理。这些调整包括，剔除物价水平的波动，进行市场利率的调整，剔除行业多样的影响，采用财务比率的变化趋势指标等。从调整的结果看，模型的精确度得到了提高，即使在破产前5年，精确度也达到70%。

在应用Logit模型分析国内企业破产方面，陈工孟等（2006）使用9个财务指标作为自变量，包括企业规模、总负债/总资产、流动资产/总资产、流动负债/总资产、总负债是否超过总资产的虚拟变量、净收入/总资产、经营性资金/总负债、前两年净收入是否为负的虚拟变量、最近的净收入变化状况等。他们在解释为什么选取这些变量而不是其他变量时认为，"部分原因是，它们是文献中最经常出现的变量"。

为了增强说服力，本书拟同时采用7因素的线性概率模型和7因素Logit模型，试图找出对破产最具解释力的自变量组合及其形式。由于中国工业企业数据库中的企业仅包含非上市公司，因此，7因素模型中的资本化程度（含义为普通股价值除以总资本，如果是未上市公司，没有普通股价值这一指标）指标无法采用，因此，本书舍弃这一项，选择其他6个指标。本书没有选择自变量更多的9因素模型，是考虑到加入公司治理因素后，自变量在6个的基础上至少还将增加3个，将使分析结果的稳定性产生很多问题。

从7因素模型和9因素模型所采用的指标看，除资本化程度指标外，在7因素模型中，有3项指标含义接近9因素模型中的相应变量，包括资产规模vs企业规模、资产回报率vs净收入/总资产、收益稳定性vs净收入变化状况。另外，9因素模型中虽然没有流动性指标，但有两个指标——流动资产/总资产和流动负债/总资产与流动性在含义上有交叉，因此，可将之归为流动性指标。但为什么没有直接采用流动比率指标，而采取间接的方式，却没有非常明确的理论上的解释，只能从经验上解释：从他们所研究的已经发生的破产案例看，这两个指标的解释力很强。其他两个变量——偿债比率、累积盈利能力在9因素模型中没有对应的内容，这意味着两个模型的侧重点不同，但不能证明哪个在预测破产方面更出色，因为它们都是经验研究的结果，没有强大的理论背景。

第四节
破产预测纯财务模型的变量选择

在中国工业企业数据库中，7因素模型使用的自变量是否可以在其中找到对应指标，是首先需要解决的问题。①资产回报率（return on asset，ROA），用利润总额除以总资产来表示。②资产回报率的稳定性（stability of ROA），用上述指标的标准给出。③偿债比率（debt ratio），也称利息保障倍数（interest protection multiples），由产品销售收入/利息支出得到。虽然企业可能还有非主营收入来源，但本数据库中对该指标的统计缺失比较严重，仅在2004—2007年进行了统计，因此为获得平衡样本，本书舍弃非主营利润指标，仅考虑主营收入。④累积盈利能力（ability of accumulation profit），由利润总额减去应交税收，得到净利润，然后用净利润除以总资产来表示。因数据库中没有未分配利润或留存收益的统计，且国内企业通常分红比例都较低，因此，用净利润/总资产可以近似替代未分配利润，也可以用来衡量累积盈利能力。⑤流动性（liquidity）等于流动资产/流动负债，在数据库中，仅有流动负债和总资产的统计，与9因素模型在流动性方面的考虑类似，用流动负债/总资产表示流动性。⑥资产规模（asset size），用总资产来代表。变量描述与定义如表1所示。

表1　变量描述与定义

	变量名称	变量描述
因变量	pochan（破产）	1表示企业破产，其包含三种情况：在统计中消失、付息率出现非平稳变化、营业利润由正变负。0表示企业未破产，即除上述情况以外，企业正常经营的状况
自变量	ROA	资产回报率
	stability	资产回报率的稳定性，等于ROA的标准误差
	debtratio2	偿债比率，也称为利息保障倍数
	debtratio	累积盈利能力，等于净利润除以总资产
	liquidity	流动性，等于流动负债除以总资产
	asset	用企业的总资产规模表示

在上述变量定义的基础上，建立如下回归模型：

$$Y = \alpha + \beta_1 X_1 + \beta_2 X_2 + \xi$$

其中Y表示是否破产的0/1变量，破产为1，不破产则为0。向量X_1表示公司治理结构的变量，X_2是5因素模型、7因素模型中选取的各财务指标。ξ是随机扰动项。用X_1代表的公司治理变量在不同模型中都表示三类利益相关者：股东、债权人和管理层。一般来说，股东、债权人和管理层的博弈关系采用描述性方法进行研究，或者用纯理论的博弈论方法进行论证。本书与以往的研究不同，从实证的角度，为利益相关者及其关系寻找代理变量，并将代理变量纳入模型中。X_2表示财务指标，在不同的模型设定形式下，所采取的财务指标也有所不同。在5因素模型中，选取的财务指标包括流动资产/总资产、留存收益/总资产、息税前收益/总资产、实收资本/总负债账面价值、销售收入/总资产。在7因素模型中，我们选择资产回报率、利息保障倍数、留存收益/总资产、流动比率、实收资本/资产、资产的对数。本书的7因素模型实际上只包含6个指标。标准的7因素模型中的股票市值在本书选用的规模以上工业企业数据中没有统计。因为股票市值是针对上市公司的，对于非上市公司，无法测算其股票市值。因此，本书删去股票市值指标，变为6因素模型。因此，为了不产生混淆，在下文中，如果没有特别说明，我们统一称7因素模型为6因素模型。

为了使模型具有更强的解释能力，本书模型分别采用了4种回归形式：5因素模型、6因素模型，以及加入公司治理因素后的5因素混合模型和6因素混合模型。

与利用纯财务模型预测破产的研究最大的不同在于，本书不满足于仅仅用财务指标来解释或预测破产。我们认为，虽然破产大多表现为财务指标的恶化，但财务指标的变化应该只是表象，深层次的原因应该被挖掘，否则模型会变为纯粹的工具，失去解释能力，也无法解释更一般的情况。事实上，从本书第二章的文献回顾中可以发现，成熟的公司治理理论对企业破产有非常多的论述。基于此，本书在财务指标的基础上，加入治理结构变量。我们认为，相较于纯财务模型，混合模型具有更强的解释能力，能对破产现象给出更深层次的解读。因此，将具有经济学而非单纯会计学含义的概念引入Logit模型中，希望能对中国企业的破产过程和预测有更深入的理解。

公司治理研究的范围非常广泛，本书不可能将所有的因素都包括其中，若如此，不仅会使模型非常庞大，而且共线性将使得系数无法解释，因此我们选择从利益相关者的独特角度入手。我们认为，企业破产过程不仅是资产处置的过程，更是不同利益相关者之间关系重构的过程。因此，本书的公司治理是从利益相关者及其互动的角度进行解释的。

首先，对什么样的公司治理变量应该进入模型进行确认。从前述文献可以看出，破产或重组，是重构股东、债权人和管理层关系的过程。因此，本书中加入的治理结构变量更多是从关系重构的角度进行选择，而没有选择一般意义上的治理结构变量，如股权结构、董事会组成等。已有的研究对公司治理变量的分析多是从股权结构、董事会组成等角度考虑。比如，金成晓等（2007）利用Logit模型对公司治理失效问题进行研究，他们从股权结构、高管激励和董事会组成三方面讨论上市公司治理的失效。我们认为，股权结构在公司治理中虽然重要，但显然不是公司治理的全部，尤其是在中国。间接融资为主的融资方式，使得银行成为公司资金的重要提供者，但在已有的文献中，对债权人在公司治理，乃至经营失败中的作用几乎没有涉及。一般认为，国有银行因其国有性质，在利润和经营业绩方面没有压力，导致他们作为债权人，在企业破产和重组过程中，几乎没有参与。但是，中国的商业银行改革从1995年《中华人民共和国商业银行法》颁布就已经开始，虽然改革并不能说已经成功，但国有商业银行的风险控制制度从无到有，从松到紧，已经在逐渐产生作用。在这样的背景下，显然有必要重新考虑债权人在破产决定和实施过程中的作用。

其次，管理层在公司治理中的作用，不仅要从激励的角度考虑合理的薪酬制度对绩效的影响，同时还要考虑在职消费，才可能更全面地理解管理层在公司治理方面的作用。可以假定，薪酬越高，管理层的积极性越高，公司破产的可能性越小；但同时，薪酬越高，且没有有效的约束机制，就意味着包含薪酬在内的管理费用也越高，管理层偷懒的可能性也越大，因此破产的可能性也越高。Johnson et al.（2005）认为，在所有会计科目中，管理费用是在职消费的最适合的度量指标。在我国普遍的"内部人"控制、内外部治理机制缺失和不完善，以及国有企业管理者的薪酬管制等特殊的制度背景下，管理者普遍存在过度的在职消费行为。而相关研究认为，管理者的在职消费水平与企业的经营业绩呈负相关（罗进辉等，2009）。因此，本书首先采用管理费用总额，其次采用主营业务收入调整过的管理费用来衡量管理层的在职消费水平，并希望由此建立其与破产之间的关系。

本书用以表示关系重构的治理结构变量包括如下几个：

（1）以流动负债率代表债权人在公司中的地位。从静态和公司治理的角度，资产负债率是可以很好地描述股东与债权人关系的变量。资产负债率低，意味着股东在公司占据更有利位置，反之，债权人处于更强势的地位。资产负债率不仅描述了股东与债权人的关系，同时也预示了企业破产的可能性：资产负债率越高，企业破产的可能性越大。在中国，独特的制度和政策限制，使得银行在参与贷款企业的破产重组方面比较被动，因此，用资产负债率衡量债权人的强势程度，从而预测破产，似乎有一定偏差。但我们认为，为企业提供流动资金的银行，即使不参与企业的经营或破产谈判过程，他们也可以用不同的方法表达自己的意愿：对于他们认为前景不好的企业，拒绝提供贷款；而对于他们认为正常经营的企业，保持或增加贷款。对于很多工业企业来说，流动资金基本上来源于银行贷款，因此，流动负债的变动情况可以看作是债权人态度的体现：流动负债增加，意味着债权人认为企业破产的可能性小；反之，则认为企业破产的可能性大。在数据库中，有完整数据的是流动负债合计项目，我们用t年的流动负债合计减去（$t-1$）年的流动负债合计，就可以获得企业的流动负债变动状况。

众所周知，在中国，银行是企业最大的债权人。因此，用银行贷款的总额描述债权人的影响，还是用流动负债率来表示债权人的影响，是一个需要权衡的问题。下文的实证分析中，我们分别用这两个因素代表债权人的力量，从分析结果来观察哪个因素更适合。

（2）管理费用。管理费用指标可用来对管理层是否滥用权力进行测度。管理层滥用权力通常表现为在职消费，在职消费通常计入管理费用中。在数据库中，工资、福利及增值税一项，也包含管理层的工资和福利，似乎也能代表管理费用和管理层的权力滥用，但因为其中不仅包含管理层的工资，也包含非管理层的工资，且在职工人数较大时用于衡量管理层的在职消费会出现较大偏差。因此，用管理费用总额衡量管理层的力量可能存在一定偏差，本书对管理费用总额指标进行一定改造。首先，考虑到企业规模和职工人数不同会使管理费用总额增加，但这并不意味着在职消费增加。因此，本书用管理费用除以公司主营业务收入，获得经过主营业务调整的管理费用，以获得在不同企业间可比的管理费用。其次，我们对数据库中的管理费用指标进行分拆，获得更能代表在职消费的内容。数据库中管理费用的定义较宽泛，包括税金、财产保险费、差旅费、工会经费、排污费、住房公积金和住房补贴、养老保险和医疗保险费、办公费、研究开发费和职工教育费。从上述费用细目可以看出，并不是所有的项目都与在职消费有关，用管理费用中的办公费来衡量，似乎更合适。因此，在后文的实证分析过程中，我们分别利用管理费用总额、管理费用/主营业务收入和办公费用3个指标来代表管理层的力量，分析不同定义的在职消费行为对破产的影响。

（3）个人资本比重。因为数据库中统计的资本金状况是按资本的所有制来源区分的，分为国家资本金、法人资本金、集体资本金、个人资本金、港澳台资本金和外商资本金，并非像一般股权结构的定义，即按照持股数进行股权结构的描述，因此，在选择代表股东力量的变量上，只能按照资本金的身份来选择，而无法按照持股数来选择。这种划分资本金来源的方法不能很好地描述股东的力量，因为在按照所有制划分资本金来源时，已经在不同的股东间进行了一次归并。这种归并使得股东力量的测度模糊了。为解决这个问题，我们用个人资本占实收资本的比重来衡量股东的力量。我们认为，个人股东相较于国有股东和法人股东，是更积极的股东，因此，选择个人资本占实收资本的比重作为股东力量的近似，是可以接受的。

（4）民营企业的融资约束和风险追逐。从标准的公司治理理论的角度，所有制差别并没有形成另一套公司治理理论。无论是国有股东，还是私人股东，股东的地位和特征应该没有差别。但在中国，私人股东的身份使得其所受到的金融抑制，是无法忽略的。如果从债权人的角度，而不是从特殊的股东身份的角度来看，金融抑制应该进入公司治理的研究范畴。

国有商业银行对民营企业的贷款审核明显严于国有企业，这种金融抑制是否是造成民营企业破产的原因之一，是破产的公司治理检测中需要关注的重要内容之一。与此同时，另一种关于民营企业破产的原因也经常被提及，那就是民营企业对风险的过度追逐。很多研究认为，第一代民营企业家的特征就是为了实现快速扩张，经常选择在不适当的时机，进入不适当的行业。这使得企业经常冒巨大风险，从而导致破产的可能性也较高。对于上述两种假说，后文都将进行检验。从金融抑制或融资约束的角度，我们以民营企业的财务杠杆与所有企业的平均财务杠杆之间的距离来测度，而对于民营企业的风险追求倾向，本书以固定资产投资增加值占总资产的比重来衡量。

理论上，在纯财务模型中加入治理结构变量会使模型的解释能力增强，但财务指标和治理结构指标是两套不同的衡量体系，它们是否可以包含在一个模型中，也是需要判定的问题。因此，本书对纯财务模型和混合模型都进行检验，首先通过纯财务模型，以财务指标来解释和预测破产，然后通过混合模型，纳入公司治理变量，获得另一组估计系数，最后将两个模型的估计结果进行比较，从而可以得知哪个模型具有更强的解释能力。

具体到本书使用的数据库，因为不是一个随机抽取的样本，而是人为地排除了年销售收入在500万元以下的企业，存在样本选择问题，样本的选择是按照企业的销售收入来进行的。而根据文献，销售收入越小的企业，越有可能因为各种原因陷入破产境地，因此这部分小企业样本的缺失，会使自变量对破产影响的估计结果偏低，但从模型的有效性和一致性看，并不会造成很严重的影响，因此，我们决定忽略样本选择问题。

第五节

离散选择模型的估计

在经典回归模型中，X的变化对$E(Y)$的边际影响就是回归系数β。但在两项选择模型中，回归系数的解释比较困难。线性概率模型的系数还相对简单一些，其边际影响可以解释为自变量一个单位的变化，对事件发生的条件概率的变化率。而对于Probit模型和Logit模型，β_{logit}意味着X单位的变化对对数单位的边际影响，而非概率变化率，没有明确的经济学含义。

在使用实证模型前，必须对数据是否符合模型的假定做出验证，否则，模型的解释力将大大降低。具体到Logit模型，它的一些假设与OLS回归十分相似：第一，数据必须来自随机样本；第二，因变量被假设为K个自变量的函数；第三，正如OLS回归，Logit回归也对多重共线性敏感，自变量之间的多重共线性会导致标准误的膨胀。正因此，在正式建模之前，应该对自变量多重共线性做检验。尤其是，本文所使用的是以前文献中不常用的指标作为自变量，更需要事先进行检验。

相较于Logit模型，Probit模型有更好的理论含义，正如McFadden所说，可以用效用理论或理性选择行为对Probit模型进行陈述：个体所做的某个决定（比如是否破产），依赖于一种不可观测的效用函数，而如何将不可观测的效用与实际决定（是否破产）联系起来？我们通过确定一个门槛值I^*，如果实际值I大于I^*则决定破产；反之，决定不破产。问题是，效用是不可观测的，门槛值效用也是不可观测的。因此，最终还是只能回归可观测的财务指标。

国内对公司破产预测机制方面的研究较多，主要集中于对上市公司的研究，包括陈静（1999），陈晓等（2000），吴世农等（2001）。他们都以ST公司和非ST公司为样本，分别以负债、权益、应收账款周转率、主营利润/总资产、留存收益/总资产、资产报酬率、流动比率、长期负债/股东权益、营运资本/总资产等财务比率，进行财务困境预测，以期对ST和非ST进行分离。从所选的解释变量可以看出，他们大多是从财务指标着手，从会计实务的角度进行讨论，几乎没有涉及财务指标背后的经济学内涵。所得出的结论往往局限于会计领域，而无法拓展和一般化。本书希望在微观经济学与破产的会计实务之间架起一座桥梁，为微观经济学中的企业理论，尤其是从公司治理角度出发的企业破产理论寻找一个现实基础，同时为破产实证分析寻求更可靠的理论背景。

在样本方面，我们希望不仅仅对上市公司进行研究，而是将样本扩展至非上市公司。将非上市公司纳入研究范围，将大大提高研究的代表性。一般的分析通常局限于对上市公司的分析，对于非上市公司，尤其是非上市的非国有企业，几乎没有涉及，这与上市公司数据的可获取程度有关，但在非国有经济在国民经济中的比重已经远超过一半的背景下，舍弃这部分样本显然是不合适的。本书的分析包含国有企业和规模以上的非国有企业。相对于纯粹的上市公司，这个范围更能代表中国企业的总体现状。

第五章

破产引致和预测的
实证分析

第一节
破产的含义及描述性统计

在本书第二章，我们对破产进行了定义，包括三种情况，在数据库中消失、负债超过资产以及利润为0或负数。在这部分的实证分析过程中，采用这样的定义进行分析。但是，在数据梳理时发现，以"在数据库中消失"定义破产存在很多问题：在样本期1998—2007年间，统计部门对规模以上工业企业的一些变量的统计标准曾经做过调整，比如，1998年，规模以上工业企业的统计点和固定资产投资的统计点都做过调整，发生过多次变化。因此，绝大多数企业观测值的消失不是因为破产，而是因为统计局统计标准的变化以及其他各种原因。我们对一些在数据库中消失的企业样本在消失前一年的各项指标进行人工分析，发现没有任何不正常的迹象。因此，决定还是将"在数据库中消失"这一子类在破产定义中暂时去掉。至于负债超过资产以及利润为0或负数，仍然是破产的良好的定义。虽然有些企业利润为负，很快又恢复盈利，但我们发现，这种情况并不是很多。因此，数据库中的破产，指的就是负债超过资产和利润为0或负数两种情况。首先，用"资不抵债"代表破产企业，然后，用利润为0或负数的样本，将"资不抵债"定义下的所有分析重新做了一遍，发现结果没有太大差异。这表明，这种定义下得出的结论大多数时候是符合理论预期的，定义是合理的。

初步的描述性统计发现，相较于其他所有制类型，国有企业和集体企业更容易破产。这两种所有制企业破产的比例占一大半。不同所有制类型企业破产的比例见表2。

表2 不同所有制类型企业破产的比例

企业类型	破产样本数	频率 /%	累积频率 /%
110	4570	43.06	43.06
120	1353	12.75	55.80
130	266	2.51	58.31
141	11	0.10	58.41
142	9	0.08	58.50
143	9	0.08	58.58
149	24	0.23	58.81
151	120	1.13	59.94
159	1126	10.61	70.55
160	323	3.04	73.59
171	751	7.08	80.67
172	41	0.39	81.05
173	902	8.50	89.55
174	115	1.08	90.64
190	40	0.38	91.01
210	239	2.25	93.26
220	6	0.06	93.32
230	58	0.55	93.87
240	4	0.04	93.90
310	370	3.49	97.39
320	25	0.24	97.63
330	241	2.27	99.90
340	11	0.10	100
总计	10614	100	

注：110代表国有企业；120代表集体企业；159代表其他有限责任公司；171代表私营独资企业；173代表私营有限责任公司。其他代码含义见附录1。

我们将全部企业的全部年份都混合在一起，计算出的结果如表2所示。即，国有企业的4570代表的是频次，表示在整个样本期内，共有4570次破产事件发生。从表2还可以看出，位于破产比例前5位的所有制类型依次是：国有企业、集体企业、其他有限责任公司、私营有限责任公司和私营独资企业。尤其是国有企业，破产比例占到了样本总体的43.06%，说明所有制类型对破产有重大影响。而从国有企业在所有企业中所占的比重看，以2005年为例，占比为10.1%。可以证明，无论是从破产企业总体的角度衡量，还是从国有企业在所有企业中的比例来看，国有企业都更容易破产。为什么国有企业更容易破产呢？我们猜测与国有企业中严重的委托代理问题有关，也从侧面印证了国有企业在产权结构上的缺陷。但更多的原因，还需要通过下文的实证分析来证实。从集体企业的角度，以2008年为例，它们在企业总体中所占比例为2.75%，但在破产总体中的比例高达12.75%，严重不匹配。这种不匹配也与其产权结构有关：目前的集体企业，以乡镇企业为主体。从地域分布来看，城市中已经很少见。而在农村，乡镇企业所有制形式就是集体所有。在苏南、浙江、广东等乡镇企业发达的地区，集体企业是强大的存在。以乡镇企业为代表的集体企业，实际上也存在与国有企业同样的问题：产权主体虚化（王红领，2000）[1]。所以，破产比例高，也在所难免。

为了观测破产企业在行业和规模方面的特征，对破产企业的行业分布做了描述，见表3。从表中计算结果可以看出，不同行业，企业破产的频率也是不均衡的，见表3。

---

[1] 王红领曾经以江苏蓝绫集团为例，分析了在"准国有"式的乡镇企业中，所隐藏的严重的制度缺陷。他认为，这些企业的"内部人"控制的程度极高。对企业的经营者而言，只要乡镇政府的关键人物认可，没有什么力量会动摇他们的权力。

表3　破产企业的行业分布

行业	破产样本数	频率/%	累积频率/%
装备制造	1805	19.84	19.84
汽车制造	326	3.58	23.42
石油化工	899	9.88	33.30
冶金	290	3.19	36.49
农产品加工	5753	63.23	99.71
船舶制造、军工	14	0.15	99.87
高新技术产业	12	0.13	100
总计	9099	100	

从表3可以看出，破产企业中，农产品加工业和装备制造业所占的比例最高。农产品加工业破产企业的绝对数水平，使得农产品加工行业完全可以被称为高风险行业。这与一般的认识有一定区别。一般认为的高风险行业，如高新技术产业，反而破产的频率不是很高。如何解释农产品加工行业的高破产率呢？我们认为，虽然一般认为农产品价格和成本变化不会特别剧烈，属于低风险行业。但在农业产业化程度和国际化程度越来越高的背景下，农业的低风险特征已经大大降低了，尤其是样本中的东北三省。作为农业大省，农产品加工行业外向型程度较高，受国际农产品价格的影响很大。根据农业部官网的数据，从2004年起，中国的农产品贸易连续7年呈逆差状态。因此，在外向型农业经济日益发展的背景下，农产品加工业出现这种随着国际市场变化而起伏波动的现象就完全可能。此外，农产品加工行业的高风险，可能与所选取的样本的地区特征有关。东北三省是农业大省，农产品加工企业产值在工业企业总产值中占比相对较高，因此，农产品加工行业在所有行业类别中占比更高，也属于正常情况。出现农产品加工行业风险最高的结果也是有可能的。

装备制造业位居高风险行业第二位，这与装备制造业的重工业性质有关：装备制造业共分为4个子类，包括金属制品业、通用设备制造业（锅炉及原动机制造、金属加工机械制造、起重运输设备制造等）、专用设备制造业（矿山、冶金、建筑设备制造等）及其他设备制造业。可以看出，大多是重工业的中间设备供应商。在1998—2002年的振兴东北老工业基地战略实施过程中，国有重工业企业改制达9000家左右，改制面为90%以上。通过改革，中小企业中的国有股基本退出，国有大型企业基本实现投资主体多元化，初步形成多种所有制经济共同发展的新格局。在这一变革过程中，为原有国有企业提供零部件的各类企业受到了巨大冲击。

从资产规模的角度看，本书对破产企业和非破产企业也进行了比较。用资产的对数在两类样本中进行比较发现，破产企业的资产对数的均值为9.491，而非破产企业的资产对数的均值为10.42，而且二者之间的差异非常显著（P值接近0）。这说明，破产企业的资产规模小于非破产企业，这也直接证实了中国的企业破产状况符合通常说的"大就是美"的经验：规模越大的企业，越不容易破产。另一种"船小好调头"的通俗说法，没有得到印证。表4是破产企业在不同年份的分布状况。

表4 破产现象的年度分布

年份	破产样本数	频率/%	累积频率/%
2000	1571	14.80	14.80
2001	1357	12.79	27.59
2002	1262	11.89	39.48
2003	1056	9.95	49.43
2004	1848	17.41	66.84
2005	1127	10.62	77.45
2006	1212	11.42	88.87
2007	1181	11.13	100
总计	10614	100	

从表4可以看出，破产企业的数量在不同年份分布比较均匀，不存在某一年份大规模的集中破产。说明即使不同年份经济状况存在波动，但这种波动没有像破产的崩溃理论所认为的那样，在非常短的时期内，造成大规模的破产。也就是说，外部冲击这类因素对破产没有造成巨大影响。这个结果与个人感觉有一定差异：一般认为，像金融危机、央行的银根紧缩政策等会对企业破产产生显著影响。传导机制采取如下模式：金融危机减少了企业的收入流、银根紧缩政策则限制企业经营必需的流动资金。二者都会对现金流造成巨大影响，因此使得企业的资金链断裂，从而引发破产。2011年，一份由官方机构——浙江省工商业联合会，发布的关于浙江工业企业发展状况的调查报告认为：2010年宏观经济政策紧缩，使得支撑浙江民营经济半壁江山的工业企业陷入继2008年国际金融危机以来的又一轮发展困境（浙江省工商联，2011）。从2010年一开始，中央银行担心房地产泡沫爆发，采取了包括上调存款准备金率、央票天量正回购、对部分放贷过猛的银行启动差别准备金率、要求商业银行每日上报信贷数据等一系列持续收紧的政策措施。这些措施在给房地产行业降温的同时，也使其他行业受到很大的影响。

与上述调查认为的相反，下文数据显示，企业破产与上述宏观因素关系不大。笔者认为，这可能与中国特有的宏观调控体系有关。至2011年，改革开放30多年来，中国已经建立了相对完善的宏观调控体系（周小川，2011）。这套体系可以使得中国的经济增长速度在相当长的时期内，维持在一个相对稳定的水平——每年都在8%上下浮动；面对2008年的东亚金融危机，通过宏观调控成功阻击游资并保持人民币汇率的稳定，更是政府强大宏观调控能力的一次集中体现。另一个可能的原因在于，宏观因素或外部冲击，影响最大的应该是中小企业，而本数据库统计的是规模以上的大中型企业。相较于中小企业的较低抗风险能力，大企业可能更稳健。

因此，我们倾向于认为，宏观因素对破产的影响不像想象的那么强烈。也有研究与我们持相同的观点。北京大学国家发展研究院联合阿里巴巴集团在京发布的《小企业经营与融资困境调研报告》（2011年7月）指出，在中小企业中并不存在倒闭潮。他们的结论是在对浙江省7个城市的94家小企业、5家专业市场和12家当地银行走访，并通过网络问卷的形式对浙江各地2313家小企业进行了网上调研后最终形成的。所谓的倒闭潮，可能由三个原因引起：一是投资高风险行业失败，二是市场的正常淘汰，三是小企业因为外部环境不利，主动停产待机。

考虑到宏观经济波动对破产的弱影响，在模型中，我们不考虑宏观经济波动对破产的影响。为进一步证明年份对破产的弱影响，在下文的实证分析中，我们以年份作为虚拟变量，考察不同时间对破产起决定作用的影响，结果也没有发现显著影响。

第二节
实证模型分析结果

在第二章文献综述中，我们认为，在破产预测的实证分析中，一般采取二元选择模型。破产时因变量选1，否则为0，而自变量，可以选择5因素模型、7因素模型，甚至9因素模型。为了比较不同模型的有效性，我们试图对5因素模型和7因素模型同时进行估计，但对于国内一些实证分析中曾经使用的9因素模型没有纳入考虑范围。因此，下文仅先采用5因素模型和7因素模型进行分析。5因素模型的自变量包括：流动资产/总资产、留存收益/总资产、息税前收益/总资产、股票市值/总负债账面价值、销售收入/总资产。因为数据库中，没有股票市值指标，书中用实收资本/总负债账面价值来代替。下面对破产企业和非破产企业在上述财务指标之间的差别做描述性统计。

（一）描述性统计结果

破产企业和非破产企业各项财务指标的描述性统计结果见表5和表6。

表5　破产企业各项财务指标描述性统计结果

变量名	变量含义	观测值	平均值	标准差	最小值	最大值
liquidity	流动资产 / 总资产	10612	0.741	16.21	−1	1667
liucunper	留存收益 / 总资产	10612	−1.061	31.00	−3172	61.38
xishui	息税前收益 / 总资产	7409	0.00714	1.246	−6	102.1
debtratiol	实收资本 / 总负债账面价值	10614	0.229	2.431	−0.546	196.2
sales	销售收入 / 总资产	10612	1.597	38.01	−0.00406	3861

表6　非破产企业各项财务指标描述性统计结果

变量名	变量含义	观测值	平均值	标准差	最小值	最大值
liquidity	流动资产 / 总资产	113212	0.519	0.255	−0.385	1.242
liucunper	留存收益 / 总资产	113212	0.0666	17.71	−5957	9.204
xishui	息税前收益 / 总资产	87942	0.135	0.390	−23.41	33.95
debtratiol	实收资本 / 总负债账面价值	110532	5.740	182.7	−1918	36000
sales	销售收入 / 总资产	113212	1.855	4.748	−0.225	777.1

从描述性统计结果看，破产企业与非破产企业最显著的区别在于，实收资本/总负债账面价值。在破产企业中，平均值为0.229，而在非破产企业中，平均值达到5.740。这说明二者的资本结构有很大差异：破产企

业的负债率明显高于非破产企业。破产企业倾向于债权融资，而非破产企业更倾向于将资产负债比率保持更低的水平。这与理论预期相符。从流动性来看，破产企业的流动性反而更高，为0.741，而非破产企业的流动资产在总资产中所占比例为51.9%。这似乎不符合一般预期，一般认为，破产企业的流动性更差，常常因为资金链断裂而导致破产。不过，我们同时看到，虽然破产企业的流动性更高，但其流动性比率的方差更大。这意味着破产企业的流动性的波动更大。这可能也是导致它们破产的原因。而且从留存收益和息税前收益的角度看，破产企业平均值也比非破产企业更低。从销售收入的角度看，非破产企业不但均值更高，而且方差更小。也就是说，相较于破产企业，非破产企业拥有更高且更稳定的收入，这些都符合理论预期。破产企业和非破产企业之间的差异在统计上是显著的还是不显著的，需要检验。我们利用双样本均值t检验，得到如下结果，见表7。

表7 破产企业与非破产企业财务指标差异的显著性检验

变量名	变量含义	双样本均值 t 检验的 P 值
liquidity	流动资产 / 总资产	0.0000
liucunper	留存收益 / 总资产	0.0000
xishui	息税前收益 / 总资产	0.0000
debtratiol	实收资本 / 总负债账面价值	0.0000
sales	销售收入 / 总资产	0.0073

从表7中可以看出，P值都很小。这说明，所有的指标在破产企业和非破产企业之间的差异非常显著。在7因素模型中，我们也对破产企业和非破产企业之间财务指标的差异性进行了检验，发现结果同样显著。上述检验说明，从负债超过资产的角度区分破产企业和非破产企业是很合适的方法，也从另一个角度证实了我们的破产定义的合理性。

第三节

第三节
5 因素模型的预测分析

　　破产预测模型的设定采取二元选择模型，二元选择模型主要有三种形式：线性概率模型（linear prability model，LPM）、Probit模型和Logit模型。线性概率模型假定自变量的分布遵循线性形式，因变量虽然为取0和1的非连续形式，但与因变量为连续数值的情况相同，采用最小二乘法估计。估计出的系数直接反映自变量对因变量概率的影响。Probit模型和Logit模型则采用极大似然估计方法。一般而言，这三种模型估计的结果很少出现差别很大的情况，只是各自的特点不同。线性概率模型容易操作，但因变量的拟合值可能大于1，使得在模型结果的解释上存在一些困难。而且，线性概率模型假定自变量之间满足线性关系的假定，在现实中往往不能获得满足，可能会出现异方差的风险。Probit模型和Logit模型是专门针对二元选择模型的方法，但模型运行过程更复杂，且是非参数的模型。对于模型的运行结果，只能从系数的符号和显著性角度考量，系数的大小没有直接的意义。这对系数的解释会有干扰。因此，本书先采用线性概率模型开始分析。

　　5因素模型曾是破产预测中应用最广泛的模型形式。在5因素模型中，作为自变量的5个财务指标分别是，流动资产/总资产、留存收益/总资产、息税前收益/总资产、实收资本/总负债账面价值以及销售收入/总资产。因变量是二元变量，如果企业破产，取值为1，否则为0。而线性概率模型与普通的最小二乘回归估计方法相同，只是因变量在连续性上存在区别：最小二乘回归的因变量是连续的，而线性概率模型的因变量是二元变量，取0和1。在本书中二元因变量pochan代表破产：如果企业破产，取值为1，否则为0。因为因变量不连续，从计量的角度看，无法采用最小二乘回归，必须采取极大似然估计方法。似然估计的缺点在于，估计的参数无法衡量每个自变量对因变量的具体影响，只能衡量对事件发生的概率的影响，因此，在实证解释方面不足；而且实验表明，多数采用非参数的概率模型进行的估计，所得出的结果与线性概率模型很接近。因此，虽然非线性概率模型更正确，但还是有相当多的研究继续采用虽然不"正确"，但结果差别不大的线性概率模型。Probit模型和Logit模型需要较长的运算时间，且一般来说结果和线性概率模型是一致的，因此初步研究没有汇报Probit模型和Logit模型结果，而是采用线性概率回归结果，见表8。从表8可以看出，线性概率模型中5个财务指标系数都为负值，与预期一致。

表8 5因素线性概率模型

变量名	变量含义	（1）
		pochan（破产）
liquidity	流动资产 / 总资产	−0.0400*
		（0.0221）
liucunper	留存收益 / 总资产	−0.0237**
		（0.0123）
xishui	息税前收益 / 总资产	−0.0674***
		（0.0108）
debtratio1	实收资本 / 总负债账面价值	−1.66e−05**
		（6.91e−06）
sales	销售收入 / 总资产	2.70e−05

（续表）

变量名	变量含义	（1） pochan（破产）
		（0.00117）
constant	常数项	0.110***
		（0.0134）
observations	观测值	93893
R-squared	拟合优度	0.026

注：括号中为标准差，其中***、**、*分别表示1%、5%和10%的显著性。

从5因素线性概率模型的回归结果可以看出，流动资产/总资产、留存收益/总资产、息税前收益/总资产、实收资本/总负债账面价值、销售收入/总资产这5个指标中，流动资产/总资产、留存收益/总资产、息税前收益/总资产、实收资本/总负债账面价值4个指标对破产的影响均为负向而且都是显著的，符合预期。但从参数的大小看，都不是很大，而且销售收入/总资产这个财务指标是不显著的。从参数的含义看，概率模型的参数指的是，参数每变化1个百分点，破产的概率的变化。比如对于流动资产/总资产的参数-0.04，表示流动资产占总资产的比例每降低一个百分点，破产的可能性提高0.04个百分点。其他指标的含义类似。从模型的总体解释能力来看，拟合优度仅仅达到0.026，解释不是很充分。所以，5因素模型对中国的企业破产解释能力不是很强。

自变量的线性设定是否是解释能力不强的原因之一呢？在二元模型中，更多的假定自变量服从Logit分布，因此下面再以Logit分布假定重新估计。结果见表9。

表9　5因素模型的Logit分析

变量名	变量含义	（1） pochan（破产）
liquidity	流动资产 / 总资产	7.322***
		（0.349）
liucunper	留存收益 / 总资产	−17.39***
		（0.712）
xishui	息税前收益 / 总资产	−0.943***
		（0.240）
debtratio1	实收资本 / 总负债账面价值	−15.82***
		（0.759）
sales	销售收入 / 总资产	0.488***
		（0.0454）
2000b.year	2000 年	0
		（0）
2002.year	2002 年	0.217
		（0.179）
2003.year	2003 年	0.257
		（0.195）
2005.year	2005 年	0.398*
		（0.205）
2006.year	2006 年	0.614***
		（0.209）
2007.year	2007 年	0.503**
		（0.220）
observations	观测值	9062
number of id	企业数量	2368

注：括号中为标准差，其中***、**、*分别表示1%、5%和10%的显著性。

从表9可以看出，流动资产/总资产指标的参数不仅发生量的变化，符号也发生变化，且显著性较高：从负相关变正相关，且在1%的水平下显著。其他指标的参数符号未变。流动性指标的参数符号的变化不符合预期；与表8相反，销售收入/总资产的参数符号从负变正，符合预期，在1%的水平下显著。我们猜测，这可能是因为这两个指标存在共线性引起的。为检验这种可能性，对它们之间的相关性进行检验，结果证实，相关性高达0.602（参见表14的相关性检验）。

纯财务模型的经验特征使得我们无法根据理论知识去除某一变量，以减少相关性。可能的解释只能是纯财务5因素模型对于这个时段的中国数据没有特别强大的解释能力。

从Logit模型与线性模型的比较看，并没有出现Logit模型比线性模型更好的结果，说明纯财务5因素模型并不适合分析中国的企业破产。在表9中，年份代表年份虚拟变量，是为了衡量宏观经济状况对破产的影响而设定的。从分析结果看，时间的系数不稳定，说明它对破产没有很明显的影响。

本书采用的数据库是面板数据，如果不考虑面板中前后年份的相关性，假定每个样本都是独立的数据，那么上面以样本为单位进行的分析所得出的结果就是有效的。但实际上，可能同一个企业不同年份的数据之间并不独立。为了检验这种相关性的影响，我们以企业为单位对模型重新估计。在以企业为单位的估计中，每项财务指标取企业所有年份观测值的平均值。对破产（pochan2）重新定义：若一家企业在2000—2007年所有观测年份中，出现一次资不抵债的情况，则定义为1，否则为0。表10以企业为单位，对表8重新进行估计。

表10　5因素模型的线性概率模型：以企业为单位

变量名	变量含义	（1）
		pochan2（破产）
meanliquidity	流动资产 / 总资产	0.0134**
		（0.00585）
meanliucunper	留存收益 / 总资产	−0.00256
		（0.00257）
meanxishui	息税前收益 / 总资产	−0.159***
		（0.0215）
meandebtratio1	实收资本 / 总负债账面价值	−5.38e−05***
		（1.05e−05）
meansales	销售收入 / 总资产	−0.00315**
		（0.00135）
constant	常数项	0.163***
		（0.00380）
observations	观测值	31366
R−squared	拟合优度	0.022

注：括号中为标准差，其中***、**、*分别表示1%、5%和10%的显著性。

　　与表8相比较，表10虽然采用同样的财务指标，但结果存在很大不同。5个指标中，息税前收益/总资产（meanxishui）、实收资本/总负债账面价值（meandebtratio1）、销售收入/总资产（meansales）是显著的。留存收益/总资产（meanliucunper）不显著，而流动资产/总资产（meanliquidity）虽然显著，但参数符号和预期相反。在表8中，只有销售收入/总资产的参数符号不符合预期，其他都符合预期。而在表10中，参数符号不符合预期的指标变为2个，而且，从整体的拟合优度来看，二者差别不大，似乎从以样本为单位进行分析，改为以企业为单位分析并没有使模型的总体解释能力有很大改善。因此，在下文的实证分析中，我们更倾向于将每个样本看作是独立的。

第四节
7 因素模型的预测分析

因为纯财务5因素模型不具有很强的解释能力，因此，我们选择另一种在公司财务领域相当流行的7因素模型进行预测分析。其指导思想与5因素模型一致，只是选取的自变量不同。在7因素模型中，选择的自变量包括资产回报率、收益的稳定程度、偿债比率、累积盈利能力、流动比率、资本化程度、资产规模等。从自变量选择看，舍弃了相关性非常高的流动资产/总资产和销售收入/总资产指标。下文将分析7因素模型的估计结果。

从5因素线性概率模型的结果看，其不具有很强的解释能力，更重要的是，流动资产/总资产和销售收入/总资产之间高度相关，导致或者前者，或者后者的参数符号不符合预期。因为纯财务指标模型缺乏理论基础，完全基于数据，对于这种不符合预期的情况，找不到更好的方法化解。因此，本书试图采用另一个应用也比较广泛的财务指标模型，提高模型的解释力。从以往的文献看，也经历了从5因素模型到7因素模型的过渡。多数研究认为，7因素模型比5因素模型具有更强的解释能力。

与5因素模型相比，7因素线性概率模型中的自变量更多地考虑收益的积累和稳定性，而不是单期指标的优劣。因为破产可能往往与一个时段，而非一个时点的财务状况有关。7因素模型中自变量选择的是：资产回报率、收益的稳定程度、偿债比率、累积盈利能力、流动比率、资本化程度、资产规模。因为数据库中的企业是非上市企业，因此没有普通股价值的数据，所以舍弃资本化程度指标，估计其他的6个因素。其中，指标含义如下：meanroa表示资产回报率，取各个年度企业的资产回报率的均值。stability代表收益的稳定程度，取各年度资产回报率的标准差。meandebtratio2代表利息保障倍数，用息税前收益/总利息支出来表示。meanliucunper代表累积盈利能力，由留存收益/总资产来衡量。meanliqui代表流动性，用流动比率来衡量。lnasset代表资产规模，取总资产的对数。6个指标中，meanliucunper、meanliqui和5因素模型中的指标完全相同，另外4个指标则考虑财务指标的变化趋势，做了调整。所得结果见表11。

表11　6因素线性概率模型：以企业为单位

变量名	变量含义	（1）
		pochan2（破产）
meanroa	资产回报率	−0.0311***
		（0.00262）
stability	收益的稳定程度	0.0199***
		（0.00267）
meandebtratio2	利息保障倍数（息税前收益/总利息支出）	−9.57e−06***
		（3.08e−06）
meanliucunper	累积盈利能力（留存收益/总资产）	−0.00160
		（0.00176）
meanliqui	流动比率	−6.53e−05***
		（2.36e−05）
lnasset	资产规模（总资产的对数）	−0.00897***
		（0.00194）

（续表）

变量名	变量含义	（1）
		pochan2（破产）
constant	常数项	0.284***
		（0.0211）
observations	观测值	18822
R-squared	拟合优度	0.015

注：括号中为标准差，其中***、**、*分别表示1%、5%和10%的显著性。

从表11可以看出，资产回报率、利息保障倍数、流动比率、资产规模的符号都显著为负，符合预期，但收益的稳定程度的符号与预期相反。代表累积盈利能力的留存收益的系数符合预期，但显著性不高。从总体解释能力的角度，拟合优度为0.015，可见6因素模型的解释能力比5因素模型更低。从每个指标的具体影响力衡量，流动比率和利息保障倍数对降低破产概率的作用最大。这表明，流动性和收益与利息的比重对破产的影响最大，而资产规模和资产回报率的影响次之。与5因素模型一样，我们也对自变量的分布假定重新设定，从线性变为Logit分布，以观察不同假定下的估计结果。笔者希望，不同的分布假定能够降低不符合预期的参数符号的产生。假定自变量分布满足Logit假设，对6因素模型重新估计，并将结果与线性概率模型的结果进行比较，见表12。

表12　6因素模型的Logit分析

变量名	变量含义	（1）
		pochan1（破产）
roa	资产回报率	−0.589***
		（0.0348）
debtratio2	利息保障倍数	4.83e−07
		（2.27e−05）
liucunper	留存收益/总资产	−1.905***
		（0.119）

（续表）

变量名	变量含义	（1）
		pochan1（破产）
liqui	流动比率	−8.19e−05
		（0.000237）
equityasset	实收资本／资产	−0.981***
		（0.150）
lnasset	总资产的对数	−0.680***
		（0.0562）
2000.year	2000 年	−0.709***
		（0.0752）
2002.year	2002 年	−0.177***
		（0.0682）
2003.year	2003 年	0.0321
		（0.0648）
2005.year	2005 年	0.363***
		（0.0570）
2006.year	2006 年	0.257***
		（0.0549）
observations	观测值	15673
number of id	企业数量	4338

注：括号中为标准差，***、**、*分别代表1%、5%和10%的显著性。

　　表12中，从参数符号是否符合预期的角度看，与表11完全一致。这也从另一个侧面证实了，线性概率模型与Logit模型的结果在相当大程度上是一致的。但是，从6因素线性概率模型的回归中，6因素模型的拟合

优度比5因素模型更低，没有获得比5因素模型更良好的总体解释能力。换句话说，自变量只能解释破产的很小一部分，还有其他很多未观测到的因素没有被包括进来。在以往文献中，7因素模型比5因素模型解释能力更强的现象，没有在当前的数据中出现。这也是下文要将更多公司治理因素引入模型的最主要的原因。

第五节
考虑公司治理因素的混合模型及结果

企业并不仅仅是物质资产的集合，更是不同利益群体的集合。破产、利润为负、销售收入下降仅仅代表物质资产方面发生的变化，而利益相关者之间在财务指标恶化的过程中发生的互动和变化，才是更本质的内涵。只有理清了这些变化，才能更好地理解破产以及导致破产的原因。公司治理研究有助于理解这些变化。传统的公司治理研究偏重于股权结构、委托-代理关系等提高企业绩效的角度；而着眼于如何避免企业经营业绩太差，以至于陷入破产境地的角度较少，实证研究更少。本书试图在这方面做出努力。我们采取的方法是，将公司治理因素纳入破产预测模型，考察这些组织因素，而非单纯的财务因素对企业破产的影响。从组织的角度而言，破产是股东、债权人以及管理层关系重构的过程。文献也支持这种观点，但实证结果是否支持这样的假说，则是本部分关注的重点。

本书希望通过考察企业在陷入困境时，股东、债权人、管理层之间的关系，以及他们之间的力量对比，从而了解这种关系对即将发生的破产决策的影响，试图检验三者之间的力量对比是否对破产决策有影响，以及会有什么样的影响。其困难在于，像互动关系、力量对比这样的公司治理因素，通常不太容易找到合适的定量数据来表示。如果没有合适的数量化的指标，将无法进行实证研究。我们试图寻找合适的指标代表股东、债权人、管理层以及他们之间的关系：股东的力量可以用实收资本占总资产的比例来代表。在全体股东中，还需要考虑股东的构成，即不同股东的持股比例。因为本书偏重从股东与其他利益相关者之间的关系角度衡量破产，我们认为，权益与负债比从总量上代表股东与债权人的力量对比。从股东内部的角度看，不同的股东结构也代表不同的股东的力量：分散的股东，不如集中的股东更有力量。但是，因为数据库中没有具体的股东持股数，因此，无法从股权结构的角度衡量股东力量，只能从总量上进行把握。本书用个人资本占实收资本的比例（meanguquan）表示股东的力量，虽然企业实收资本中个人资本的比重并不能直接反映股东的力量，但从国内企业的现状来说，是一个较好的替代。在国有企业中，个人资本可能并不是最大的股东，但国有资本和法人资本的所有者处于缺位状态，这类股东通常会成为消极股东，相对来说，个人股东更愿意充当积极股东。因此，以个人资本占实收资本的比重来代表股东的力量是合适的。个人资本比重越高，真正关注企业绩效的股东更多，也意味着发挥作用的股东的力量更强大。

对于债权人来说，其力量可用流动负债与总资产的比值来表示。但是，如果同时将反映股东力量的个人资本占实收资本的比例和反映债权人力量的流动负债占总资产的比例放入模型，共线性会非常严重。因此，对债权人力量的衡量，必须采用其他指标。在经过多次比较后，我们选择用利息支出占财务费用的比重（meandebtasset）来衡量债权人的力量。利息支出与直接代表债权人力量的流动负债、长期负债有一定关系，但不完全一致。利息支出更多是从企业自身的角度，衡量它的偿付能力，而不是从债权人的角度，衡量它们对企业的影响。不过，也可以看作是债权人力量的间接表现：企业正常支付利息通常是在债权人的压力下实现的。因此，利息支出可以看作是债权人力量的间接度量。

管理层的力量可以用管理费用来代表，本书使用经对数化处理的管理费用（lnguanli）衡量。从理论上说，在职消费或管理层持股是他们力量的直接体现。而管理层持股在非上市公司中比较少见，因此这样的指标不具有普遍意义。我们试图从在职消费的角度衡量他们的力量。在数据库中，包括办公费用在内的管理费用指标可在一定程度上衡量在职消费。虽然，在目前的数据库中，管理费用指标还包含其他不能看作在职消费的内容（如研发支出等），但从体现管理层意志的角度，管理费用指标中包含的内容都具备这样的特征。因此，下文选择管理费用表示管理层力量。

回归结果见表13。表13中的（1）列和（2）列分别是上述治理结构因素与5因素模型的混合回归，与6因素模型的混合回归。回归中考虑了时间和地区的虚拟变量。

表13　公司治理混合线性概率模型

变量名	变量含义	（1）	（2）
		pochan2（破产）	pochan2（破产）
meanguquan	个人资本占实收资本比例	−0.0701***	−0.0664***
		（0.00463）	（0.00592）
lnguanli	管理费用	0.000542	−0.00162
		（0.00129）	（0.00264）
meandebtasset	利息支出占财务费用比重	0.0934***	0.540***
		（0.0143）	（0.0277）
meanroa	资产回报率		0.00783
			（0.00891）

（续表）

变量名	变量含义	（1）	（2）
		pochan2（破产）	pochan2（破产）
stability	资产回报率的标准差		−0.0252*
			（0.0141）
meanliqui	流动比率		1.83e−05
			（2.15e−05）
meandebtratio2	利息保障倍数（息税前收益／总利息支出）		−1.86e−06
			（2.27e−06）
meanliucunper	留存收益／总资产	0.000108	0.000468
		（0.000239）	（0.000576）
lnasset	资产的对数		−0.0102***
			（0.00322）
meanliquidity	流动资产／总资产	−0.257***	
		（0.0415）	
meanxishui	息税前收入／总资产	−0.108***	
		（0.0149）	
meansales	销售收入／总资产	−0.00232**	
		（0.000920）	
constant	常数项	0.302***	−0.0236
		（0.0183）	（0.0313）
year	时间虚拟变量	Yes	Yes
province	地区虚拟变量	Yes	Yes
observations	观测值	30871	18734
R-squared	拟合优度	0.098	0.319

注：括号中为标准差，其中***、**、*分别表示1%、5%和10%的显著性。

加入公司治理因素与6因素模型进行混合回归后，模型的解释能力大大提高，总体解释能力达到0.319，大大超过前述所有模型。这证明将公司治理指标加入纯财务模型的方向是正确的。不仅如此，回归显示，各个参数的回归结果基本符合预期。首先，从本书最关心的代表公司治理的3个指标看，代表股东力量的个人资本占实收资本比重（meanguquan）系数为负，符合预期，这意味着个人持股比例越高，公司破产的可能性越小；代表债权人力量的利息支出占财务费用比重（meandebtasset）系数为正，意味着债权人对企业破产的影响越大，企业破产的可能性越大；代表管理层力量的管理费用指标（lnguanli）的系数在5因素混合模型中为正，6因素混合模型中为负，但二者均不显著。上述结果无论在5因素与公司治理因素的混合模型，还是6因素与公司治理因素的混合模型中，都表现出很好的一致性。

关于股东的作用，实证研究支持理论假设。理论假设认为，个人持股比例的提高，会降低企业破产的可能性。典型案例中的个人股东在破产中的行为，也符合积极股东的假设。从系数的大小看，为0.0664，意味着个人持股每增加1%，企业破产的可能性将减少0.06%，而且结果在1%的水平显著。从中国特有的所有制背景看待这个结果，可以这样解释，个人资本的增加意味着积极的股东更多，相对来说，消极的国有股东及法人股东的数量就会减少。个人，尤其是相对集中的个人持股的增加，可能降低国有或其他法人持股者的持股总量，进而削弱他们对企业经营的影响力，使得大股东，尤其是国有大股东，侵犯中小股东利益的情况更少发生，内部人控制的现象也能相对缓解，进而降低破产的可能性。无论是实证结果，还是案例描述，都支持积极的个人股东的观点。

从债权人作用的角度看，理论假设认为，债权人在破产过程中从来都是积极的参与者。这种参与对破产的作用可能是积极的也可能是消极的：在公司尚未陷入财务困境时，债权人从防止破产的角度，通过调整债权的期限来降低管理层经营不当所产生的违约风险。在公司马上陷入破产时，债权人能够通过启动清算程序，实现对管理层滥用权利的威慢，在和股东的博弈过程中，因为破产保护制度赋予的委托人的身份或持有债权集中而处于的更有利的地位，债权人倾向于推动破产；反之，如果债权分散或在与股东的力量对比中处于劣势时，债权人会选择重组，或削债、债转股等，而非直接破产。从典型案例郑百文破产重组的过程，也可以明显看出，中国建设银行作为债权人在其中发挥的作用。作为最大的债权人，中国建设银行通过一系列的积极的努力，使得郑百文免除了破产的命运。案例中债权人的积极与破产的关系是负向的，即债权人越积极，企业破产的可能性越小。

从上文的回归结果看，债权人的力量与破产的关系支持理论假设，即债权人力量越强，企业破产的可能性越大。与典型案例中的负向关系出现分歧。债权人在破产过程中积极主动得到印证：无论是5因素混合模型，还是6因素混合模型，有关债权人影响力的参数符号都在1%的水平显著。但却与典型案例的描述相反。我们认为，典型案例与实证研究结果在这一点上的分歧与中国的破产实践有关：在企业破产的实践中，债权人的权益一直无法得到保障，甚至受到损害。

2007年新的《中华人民共和国企业破产法》实施以来，企业的破产重组由单纯的法院内重组开始，出现了吸收债权人进入债权人委员会的模式。相较于法院内重组，债权人的参与程度得到提高（贾纯，2011）。但在破产程序中，债权人如何参与并没有一个明确的规则，即使对于像商业银行这类相对强势的债权人，也仅仅依靠中国银行业协会的《关于建立债权人联席会议机制的指导意见》来行动。该意见无论从权威性，还是可执行性方面，都有欠缺。这种欠缺使得他们的权益可能受到损害。

实践中，只有债务人或者管理层有权制订重整计划，而债权人无权制订重整计划，仅有对重整计划进行表决的权利。虽然新《破产法》规定，"按照重整计划草案，普通债权所获得的清偿比例，不低于其在重整计划草案被提请批准时依照破产清算程序所能获得的清偿比例或者该表决组已经通过重整计划草案"，但这一规定缺乏客观的判断标准，导致法院的自由裁量权过大。此外，新《破产法》没有赋予未同意的债权人上诉或申诉的权利，不利于债权人合法权益的维护，这有可能使破产重整成为债务企业和地方政府逃废银行债务的新途径（李茜，2009）。

因此，在当前阶段，债权人的积极对破产事件的影响，可能是一种正面意义上的积极，而非负面意义上的积极。也就是说，他们更积极于促使企业破产，减少自身的损失，而非参与重整挽救企业。

从系数的大小看，代表债权人力量的meandebtasset的参数在6因素模型中为0.54，而在5因素模型中为0.0934，前者比后者高很多，这从另一个侧面说明6因素混合模型比5因素混合模型更适用于我们的分析。

从管理层的角度，理论假设认为，管理层的人力资本投资在破产中会受到损害，因此大多时候，管理层不会支持破产。但在典型案例描述中，本书同时给出了管理层推动破产和对破产漠不关心两个案例：在管理层积极推动破产的案例中，管理层为了实现以较低的价格获得股份的目标，会积极推动企业破产；而在管理层不关心破产的案例中，管理层表现消极，完全不关心企业的命运。实证研究显示，管理层对破产过程中的作用既可以是积极的也可以是消极的。原本期望通过实证研究对典型案例进行判断，从目前的情况看，无法实现这样的目标。而且在两个混合模型中，代表管理层力量的lnguanli显著性都很低。这意味着无论管理层的影响力是积极的还是消极的，都不稳健。因此，实证研究拒绝管理层对破产有显著影响的假设。

上述公司治理因素的分析结果在很大程度上符合理论假设和典型案例的描述，但是这是建立在我们选择的特殊代理变量基础上获得的结论，这些结论的稳健性如何？是下一步要分析的内容。

除考虑公司治理指标的符号和显著性外，还需要对混合模型与纯财务模型中的财务指标的参数符号和显著性进行对比。正如前文所说，公司治理因素是定性指标，而它们的代理变量是与纯财务模型中的财务指标类似的指标。在将公司治理因素的代理变量加入模型后，除考虑原有指标的参数符号是否保持预期符号外，还必须考虑可能的共线性影响。

从表13中可以发现，与纯财务的6因素模型相比，一些指标的参数符号变得不符合预期。比如，代表资本回报率的ROA，在6因素的纯财务模型中，参数的符号为负，而在混合模型中，参数符号为正，与理论预期不符。我们猜测，可能与共线性有关：如果公司治理因素进入实证模型，不同利益相关者的力量转换成财务指标后，可能与原有的5因素或6因素模型中的某些指标存在一定的共线性，比如代表股东力量的个人资本占实收资本的比例，与5因素模型中的实收资本占总负债账面价值，可能存在强相关。如果相关性很高，即使总体解释力得到改善，也是不稳健的。下面，我们将对6因素模型中的指标与公司治理指标的相关性进行测试，结果见表14、表15。

表14　自变量的相关性分析（1）

(obs=49150)	liquidity	liucun	liucun~r	xishui	debtra~o	sales	debtra~1	ROA
liquidity	1							
liucun	-0.00900	1						
liucunper	0.511	0.0477	1					
xishui	0.213	0.0250	0.280	1				
debtratio	-0.00320	0.00100	0.0101	0.00180	1			
sales	0.602	-0.00690	0.390	0.579	-0.000700	1		
debtratio1	-0.00410	0.000700	0.00470	0.00240	0.974	-0.000400	1	
roa	0.602	-0.00690	0.390	0.579	-0.000700	1	-0.000400	1
stability	0.322	-0.00700	0.217	0.323	0.000100	0.569	0.000500	0.569
debtratio2	-0.000900	0.213	0.0126	0.0388	0.000800	0.0113	0.000600	0.0113
liqui	0.000400	0.000200	0.0127	0.00140	0.702	-0.00150	0.698	-0.00150
lnasset	-0.0678	0.144	0.0396	-0.178	0.00300	-0.252	-0.000600	-0.252
equityasset	0.403	-0.0263	-0.0737	0.124	0.00520	0.391	0.0194	0.391
lndebt	-0.00950	0.111	-0.118	-0.231	-0.0411	-0.248	-0.0550	-0.248
guquan	0.00550	-0.0199	0.0964	0.107	-0.00150	0.0863	-0.00180	0.0863
management	0.000100	-0.00170	-0.0241	-0.0165	-0.000300	-0.0125	-0.000400	-0.0125
lnfix	-0.190	0.129	0.0376	-0.150	-0.000300	-0.209	-0.00200	-0.209

表15 自变量的相关性分析（2）

(obs=49150)	stabil~y	debtra~2	liqui	lnasset	equity~t	lndebt	guquan	manage~t
stability	1							
debtratio2	0.00720	1						
liqui	0.00120	0.00160	1					
lnasset	-0.177	0.0178	0.00170	1				
equityasset	0.218	0.00200	0.00340	-0.108	1			
lndebt	-0.180	0.00350	-0.0399	0.903	-0.210	1		
guquan	0.0668	-0.00120	-0.000300	-0.211	-0.0398	-0.211	1	
management	-0.00830	-0.00100	-0.000400	0.00520	-0.00700	0.0146	-0.0189	1
lnfix	-0.150	0.0169	-0.00420	0.893	-0.0147	0.776	-0.186	0.00290

注：表14，表15变量含义：
liquidity=流动资产除以总资产，表示流动性
debtratio1=实收资本除以总负债
xishui=息税前收益除以总资产
liucunper=留存收益额除以总资产
sales=销售收入除以总资产
ROA=资产回报率
stability=资产回报率回报率的标准差，表示收益的稳定性
debtratio2=利息保障倍数，表示收益的稳定程度
liqui=流动资产除以流动负债，表示流动比率
lnfix=固定资产，投资额的对数，表示风险投入的力量
equityasset=资产除以负债，代表债权人的力量
guquan=个人资本占实收资本的比重，代表股东的力量
lnasset=企业规模，等于企业总资产的对数
lndebt=银行贷款规模的对数
management=管理费用除以主营业务收入
liucun=留存收益
debtratio=累积盈利能力，等于净利润除以总资产

　　表14、表15代表5因素模型中各自变量之间的相关系数矩阵；表15表示7因素模型中各自变量之间的相关程度。纵观全表，在5因素模型中，可以看出，营业收入比率与流动比率、留存收益以及息税前收益之间存在一定相关性。其中与流动比率的相关性最高，达到0.602，其他两个指标间的相关性在可接受的范围内。这与之前5因素截面模型中，或者流动比率参数不符合预期，或者营业收入比率的符号不符合预期的结果一致；在7因素模型中，流动资产/流动负债与利息保障倍数之间的相关性高达0.702，这也直接导致在6因素模型中，两者不能同时获得预期的参数符号；在表15中，固定资产投资与息税前收入/总资产存在0.893的高度相关。

　　因为本书重点关注的公司治理指标是股东、债权人以及管理层对破产的影响，尤其是后来加入的公司治理代理变量与纯财务模型中原有财务指标之间是否存在显著正相关，因此，重点考察代表股东力量的个人资本/实收资本、代表债权人力量的利息支出占财务费用比重以及代表管理层的管理费用与6因素模型中的财务指标是否存在高度相关。从表14第三部分可以看出，不存在高度相关，因此相关性通过了检验。

　　总之，从混合模型的回归结果可以看出，个人资本占实收资本比重、利息支出占财务费用比重的参数符号符合预期，且都在1%水平显著性；而管理费用指标不稳定，可能与我们所采用数据库对管理费用的定义有关，目前的定义既包括办公费用、差旅支出等正常的管理费用，还包括研发支出等一般不认为是管理费用的内容，也可能与我们采用的管理费用的形式有关：上文中，我们采用的是管理费用的总额，但是，不同行业、不同规模的管理费用不一定具有可比性，如果能够去除这种影响，管理费用指标也许会变得符合预期。

第六节

稳健性分析

6因素混合模型具有良好的解释能力，而且在公司治理代理变量中，代表股东和债权人力量的变量的系数显著性都非常高，因此有理由相信，模型设定是合理的。唯一的不合理在于代表管理层力量的指标符号不稳定。需要确定这种不合理是理论假设的问题，还是指标选取的问题。另一方面，本书对于公司治理代理变量的选取，有一定的随意性。如果用其他代理变量代表股东、债权人和管理层，结果是否同样良好，有待验证。下面的稳健性分析将解决这个问题。

1. 国有股东与个人股东的区别

在上文中，代表股东作用的个人资本占实收资本的比重是一个近似合意的指标。个人股东并不能代表所有股东。因此，用个人股东代表股东的力量可能存在一定偏差。如果用其他指标代表股东力量，回归结果是否继续保持显著？我们用国有股占实收资本的比重（state）表示国有企业中股东的力量，看结果是否发生变化，见表16。

在表13中，在用个人资本占实收资本比重衡量股东力量时，符号为负，即个人资本比重越高，企业破产的可能性越小，符合理论预期。而当用国有股占实收资本的比重代表股东力量时，符号变为正，即国有股比重的增加，导致企业破产的可能性增加。

表16　以国有股比例代表股东的力量

变量名	变量含义	（1）
		所有样本
		pochan（破产）
state	国有股占实收资本比重	0.0361***
		（0.00854）
2000b.year	2000年	0
		（0）
2001.year	2001年	0.0131***
		（0.00324）
2002.year	2002年	0.0287***
		（0.00385）
2003.year	2003年	0.0354***
		（0.00427）
2004.year	2004年	0.0603***
		（0.00485）
2005.year	2005年	0.0506***
		（0.00498）
2006.year	2006年	0.0525***
		（0.00510）
2007.year	2007年	0.0513***
		（0.00517）
constant	常数项	0.0833***
		（0.00424）
observations	观测值	52691
R-squared	拟合优度	0.008

（续表）

变量名	变量含义	（1）	
		所有样本	
		pochan（破产）	
number of id	企业数量	14330	

注：括号中为标准差，其中***、**、*分别表示1%、5%和10%的显著性。

从表16可以看出，国有股东力量增强提高了企业破产的概率。国有股东比重提高使得破产概率提高的结论并不意味着理论假设有误，国有股东在所有制方面的特征，使得他们不同于一般意义上的股东。国有股东的不积极，或者说，缺位是造成这种结果的重要原因（陈清泰，2003）[①]。这也是本书选择个人股东持股代表股东力量的原因。因此，上述结果也证明以个人资本占实收资本代表股东力量是正确的。

2. 用银行贷款规模代表债权人的力量

在债权人力量方面，我们用银行贷款规模（lmeandebt）代表债权人的力量，而不是像前面模型中用公司利息支出占财务费用比重来衡量债权人的力量。选择用银行贷款规模代表债权人力量的原因在于，在中国，企业债务大部分是银行贷款。如果公司利息支出占财务费用变量代表债权人有一定程度的间接成分，那么银行贷款规模则更直接衡量了债权人的力量。如果lmeandebt的系数显著为正，说明债权人力量越大，企业破产的概率也越大。如表17所示，从回归结果看，用银行贷款规模代表债权人力量，和采用公司利息支出占财务费用变量的结论是一致的。因此，可以认为，无论选择哪个指标来代表债权人的力量，债权人因素

---

① 陈清泰曾经在阐述国有资产管理体制的弊端时，这样描述，"企业国有资产笼统为国家所有，国务院代表行使所有权，但是在中央和地方、政府部门与部门之间产权责任不清，缺乏责任约束，国有资产实质处于无人负责状态"。

对企业破产的影响都非常显著，且符号符合预期。

从这个角度，可以认为，银行作为中国企业最大的债权人，对于企业破产的影响是很显著的。这种显著是否意味着银行是企业破产的积极参与者？我们认为，是。在国有商业银行中，这种显著性并不一定表现为像国外的债权人那样直接重启重组或申请企业进入清算程序。银行采取另一种稍显消极，但同样有效的方法表达自己的意愿：对于他们认为没有希望的公司，选择停止继续贷款；而对于他们认为有重组希望的公司，则选择继续贷款。公司债务或银行贷款与破产之间正的且显著的关系，说明债务对于企业来说，已经成为一种硬约束，而不再是软约束。

李寿喜（2009）根据2005年中国社会科学院经济研究所的部分工业企业调查问题，研究四大商业银行的贷款倾向。研究发现，四大商业银行在发放贷款时，在所有制、规模和行业方面都存在不同的选择。在所有制方面，他们更愿意向纯个人资本企业和混合企业贷款，而不太愿意向纯法人资本企业、纯集体资本企业贷款；向纯国有资本企业的贷款也呈下降趋势，虽然总量还是很大。从贷款企业的特征看，经营者特征、人均固定资本存量、企业能源和直接材料消耗量等和企业获得的贷款显著正相关。而之前的研究认为，银行是否贷款大多与企业的所有制背景有关。

由此可知，银行的贷款选择倾向越来越明显。而且他们的选择更多是基于综合的考虑，而非单纯根据企业的所有制背景。

表17　以银行贷款规模代表债权人的力量

变量名	变量含义	（1）	（2）
		pochan2（破产）	pochan2（破产）
meanguquan	个人资本占实收资本比重	−0.106***	−0.108***
		（0.00691）	（0.00894）
lnguanli	管理费用	−0.0558***	−0.000826

（续表）

变量名	变量含义	（1）pochan2（破产）	（2）pochan2（破产）
		（0.00259）	（0.00411）
lmeandebt	银行贷款规模	0.0735***	0.292***
		（0.00248）	（0.00847）
meanroa	资产回报率		−0.0196***
			（0.00330）
stability	资产回报率的标准差		0.0143***
			（0.00365）
meanliqui	流动比率		2.01e−05
			（2.82e−05）
meandebtratio2	利息保障倍数		−3.52e−06
			（5.24e−06）
meanliucunper	留存收益／总资产	−0.00139	−0.000405
		（0.00183）	（0.000746）
lnasset	资产的对数		−0.307***
			（0.0103）
meanliquidity	流动资产／总资产	0.0561***	
		（0.0122）	
meanxishui	息税前收益／总资产	−0.182***	
		（0.0426）	
meansales	销售收入／总资产	0.00966***	
		（0.00191）	
constant	常数项	−0.105***	0.578***
		（0.0177）	（0.0290）

（续表）

变量名	变量含义	（1）pochan2（破产）	（2）pochan2（破产）
year	时间虚拟变量	Yes	Yes
province	地区虚拟变量	Yes	Yes
observations	观测值	18614	11788
R-squared	拟合优度	0.102	0.240

注：括号中为标准差，其中***、**、*分别表示1%、5%和10%的显著性。

3. 经过主营业务收入调整的管理费用

上文中，我们以管理费用的对数代表管理层的力量，衡量管理层的力量对企业破产的影响。从实证分析的结果看，管理层的作用在5因素混合模型和在6因素混合模型中不同，参数符号不稳定，而且结果的显著性很差。因此结论是，管理层对破产的影响不稳定。这个结论与理论假设和典型案例的描述都有差别，为了进一步验证是理论假设有误，还是变量选取有误，导致结论不符合预期，我们又选择管理费用占主营业务收入的比重（meanmanagement）作为衡量管理层力量的变量，重新对混合模型进行分析。

这样选择的理由是，不同规模和不同行业的企业，在管理费用总额方面存在巨大差别：规模越大的企业，管理费用也越高；某些劳动力密集型的行业的管理费用相比其他行业管理费用更高。因此，本书用管理费用/主营业务收入来减少这种规模因素和行业特征的影响。同时，本书还考虑中国独特的所有制背景，对样本进行区分：国有企业管理层的行为和民营企业的管理层的行为可能有很大不同。一般认为，在国有企业中，因为国有股东的消极，管理层拥有更大的权力，他们影响决策，包括破产决策的可能性更大；而在非国有企业中，股东本身不存在激励不足的问题，因此管理层影响决策的可能性更小。因此，表18中对样本按照所有制进行区分，分析不同所有制背景下，管理层对企业破产的影响力。

表18 以管理费用占主营业务收入比重代表管理层的力量

变量名	变量含义	（1）	（2）	（3）	（4）
		国有企业	非国有企业	国有企业	非国有企业
		pochan2（破产）	pochan2（破产）	pochan2（破产）	pochan2（破产）
meanguquan	个人资本占实收资本比重	−0.120**	−0.0382***	−0.108	−0.0648***
		（0.0559）	（0.00687）	（0.0685）	（0.00926）
meanmanagement	管理费用占主营业务收入比重	0.000106***	0.000642	0.000879*	0.0193
		（3.85e−05）	（0.00126）	（0.000525）	（0.0148）
lmeandebt	银行贷款规模	0.0373***	0.0372***	0.416***	0.241***
		（0.00313）	（0.00191）	（0.0351）	（0.00795）
meanroa	资产回报率			−0.0289	−0.0120***
				（0.0196）	（0.00231）
stability	资产回报率的标准差			−0.00176	0.00946***
				（0.0171）	（0.00210）
meanliquidity	流动资产/流动负债			−4.99e−05**	3.32e−05
				（2.55e−05）	（3.31e−05）
meandebtratio2	利息保障倍数			−9.48e−06	−1.49e−06
				（2.37e−05）	（4.67e−06）
meanliucunper	留存收益/总资产	−0.0365	−0.000793	−0.0316**	−0.000123
		（0.0227）	（0.00105）	（0.0137）	（0.000415）
lnasset	资产的对数			−0.437***	−0.252***

（续表）

变量名	变量含义	（1）	（2）	（3）	（4）
		国有企业	非国有企业	国有企业	非国有企业
		pochan2（破产）	pochan2（破产）	pochan2（破产）	pochan2（破产）
				（0.0377）	（0.00842）
meanliquidity	流动资产 / 总资产	0.261***	0.0560***		
		（0.0288）	（0.0127）		
meanxishui	息税前收益 / 总资产	−0.423***	−0.145***		
		（0.104）	（0.0376）		
meansales	销售收入 / 总资产	0.00207	0.00790***		
		（0.00496）	（0.00189）		
year	时间虚拟变量	Yes	Yes	Yes	Yes
province	地区虚拟变量	Yes	Yes	Yes	Yes
constant	常数项	−0.152***	−0.214***	0.748***	0.442***
		（0.0342）	（0.0203）	（0.0653）	（0.0297）
observations	观测值	4417	14257	2603	9189
R-squared	拟合优度	0.104	0.058	0.332	0.182

注：括号中为标准差，其中***、**、*分别表示1%、5%和10%的显著性。

从回归结果可以看出，参数符号为正，符合预期，而且在国有企业样本中，这种符合预期获得了很高的显著性。正如典型案例和理论假设部分所描述的，考虑特殊的所有制背景后，管理层对企业破产的影响出现了预期的参数符号。（1）和（3）列分别选取国有企业运用5因素混合模型和6因素混合模型进行分析；（2）和（4）列则采用非国有企业样本进行同样的分析。结果如下：（1）和（3）列中国有企业的系数显著为正，某种程度上验证了国有企业管理层有激励促成破产的假说。（2）和（4）列非国有企业的样本中，参数符号为正，而且参数比国有企业的更高，虽然显著性没有它们高。

在选择其他变量代表管理层的影响力后，参数符号由原来的不符合预期变得符合预期，这说明应该选择管理费用占主营业务收入的比重，而不是管理费用的对数来代表管理层的力量。产生这种差别的原因可能在于，选择管理费用的对数可能使得企业规模导致管理费用更高的因素，与管理层在职消费的因素混杂在一起，因此出现在最初的混合模型中，管理层影响力因素的参数符号不符合预期的状况。

在表18中，非国有企业管理层影响力的参数不仅出现了预期的符号，而且比国有企业管理层的影响更大，虽然没有很高的显著性。这是否意味着非国有企业中也存在管理层对破产有一定程度的影响力？从目前的回归结果来看，确实如此。

来自中国上市公司的数据（《中国上市公司数据库》，英策咨询）显示：从1999—2008年的10年间，民营控股的上市公司的管理费用一直高于国有控股的上市企业。二者之间的差别最大时高达4%（民营企业的管理费用率为10%，而国有企业的管理费用率为6%左右）。虽然本书的样本为非上市企业，但不同所有制下的管理费用率之间差别的趋势应该类似。

民营企业管理费用高昂，与管理层的力量有关吗？可能未见得。根据中国私营企业治理结构课题组的分析，在民营企业中，企业主具有强烈的集权情结。因此，管理层拥有决策权的比例并不高，更多的是进行一般决策[①]。

---

① 中国私营企业治理结构课题组，2001，《私营企业治理结构调查的数据与分析》，载于张厚义、明立志、梁佳运主编《中国私营企业发展报告（No.3·2001）》，社会科学文献出版社。

这种实证研究与现实不完全符合的结论，应该得到解释。我们考虑用其他指标来代表管理层的力量，以观察其结果。在文献中，很多时候将管理层的影响力用在职消费来代表，我们也试图用在职消费来表示管理层的力量。但是因为工业数据库中并没有对在职消费的直接统计，因此下面拟用办公费用来代表管理层的力量。表19中，以破产为因变量，以办公费用、资产负债比率以及固定资产的对数为自变量进行回归。同时还对样本进行所有制划分，区分国有企业和民营企业，以进一步细化管理层对破产的影响。

表19　以办公费用代表管理层的力量

变量名	变量含义	（1）	（2）	（3）
		全样本	国有企业	民营企业
		pochan（破产）	pochan（破产）	pochan（破产）
lnbangong	办公费用的对数	−0.00305*	−0.00737	−0.000847
		（0.00173）	（0.00558）	（0.00196）
debtasset	资产负债比率	0.343***	0.411***	0.308***
		（0.0436）	（0.0423）	（0.0303）
lnfix	固定资产的对数	−0.0115**	−0.0193	−0.00912*
		（0.00471）	（0.0133）	（0.00471）
2004b.year	2004 年	0	0	0
		（0）	（0）	（0）
2005.year	2005 年	0.00248	−0.00618	0.00423
		（0.00337）	（0.00821）	（0.00430）
2006.year	2006 年	0.00444	−0.0134	0.0103**
		（0.00379）	（0.0104）	（0.00484）
2007.year	2007 年	0.0110**	−0.00776	0.0151***
		（0.00438）	（0.0127）	（0.00538）
constant	常数项	−0.00431	0.102	−0.0408
		（0.0587）	（0.133）	（0.0449）

（续表）

| 变量名 | 变量含义 | （1）全样本 | （2）国有企业 | （3）民营企业 |
		pochan（破产）	pochan（破产）	pochan（破产）
observations	观测值	18453	3754	7875
R-squared	拟合优度	0.185	0.243	0.160
number of id	企业数量	7498	1777	3275

注：括号中为标准差，其中***、**、*分别表示1%、5%和10%的显著性。

表19中，用lnbangong表示办公费用的对数，得到的结果如下，办公费用的对数的系数为负，而且显著性很差。全样本只在10%的水平上显著，国有企业和民营企业中则均不显著。这和用管理费用/主营业务收入代表管理层力量时所得出的结论完全相反。在用管理费用/主营业务收入代表管理层的力量时，不仅参数符号符合预期，而且显著性也很高。由此可以看出，用办公费用代表管理层的力量不合适。

在用管理费用/主营业务收入代表管理层的力量时，民营企业的管理层的参数符号表现出的过高的影响力在现实中很难解释，未来的实证研究需要对这方面做出改进。

4. 对民营企业风险追逐的检测

从已有的研究看，很多时候认为民营企业过度追求风险从而可能使企业陷入破产境地，因此，我们试图以固定资产投资（lmeanfix）作为企业对风险追逐的测度进行验证，见表20。结果如下：在各种所有制背景下，固定资产投资与破产的关系都是负相关的，也就是说，固定资产投资越高，企业越不容易破产，这不符合理论预期。为了检测结论的有效性，我们进一步以投资活动产生的现金流对该假设重新验证，得到了类似的结果。对民营企业过度追求风险，使得破产可能性增大的假设无法得到验证。

表20　以固定资产投资代表民营企业的风险态度

变量名	变量含义	（1）	（2）	（3）
		国有企业	非国有企业	民营企业和外商投资企业
		pochan2（破产）	pochan2（破产）	pochan2（破产）
meanguquan	个人资本占实收资本比重	−0.156***	−0.0426***	0.00490
		（0.0561）	（0.00708）	（0.00855）
meanmanagement	管理费用占主营业务收入比重	8.56e−05***	0.000691	0.0786*
		（2.17e−05）	（0.00119）	（0.0427）
lmeandebt	银行贷款规模	0.163***	0.0843***	0.0456***
		（0.00887）	（0.00568）	（0.00566）
lmeanfix	固定资产投资	−0.147***	−0.0611***	−0.0228***
		（0.00965）	（0.00774）	（0.00726）
meanliquidity	流动资产／总资产	−0.270***	−0.101	0.0529
		（0.0448）	（0.0621）	（0.0518）
meanliucunper	留存收益／总资产	−0.0288*	−0.000654	−0.226***
		（0.0168）	（0.000890）	（0.0324）
meanxishui	息税前收益／总资产	−0.398***	−0.125***	−0.0785***
		（0.100）	（0.0328）	（0.0281）
meansales	销售收入／总资产	0.00223	0.00707***	0.00681***
		（0.00426）	（0.00199）	（0.00216）
constant	常数项	0.195***	−0.0459	−0.133**
		（0.0424）	（0.0557）	（0.0531）
observations	观测值	4235	14157	7482
R−squared	拟合优度	0.194	0.092	0.178

注：括号中为标准差，其中***、**、*分别表示1%、5%和10%的显著性。

从回归结果得知，用固定资产投资和现金流代表的风险追逐因素，对破产的影响不符合预期。对此，我们的解释是，这可能与中国所处的特殊的发展阶段有关。很多研究认为，经济处于高速增长阶段，企业固定资产规模普遍偏高。2003年以来，中国的固定资产投资率以每年超过20%的速度在增长，即使在经济紧缩时期同样如此（见表21）。扣除价格因素的影响，固定资产投资增长率高的现象依然显著。与世界其他国家相比，中国的固定资产投资率也偏高。2002年，世界平均水平是19.9%，低收入国家为19.7%，中等收入国家为22.9%（其中上中等收入国家为19.0%，下中等收入国家为25.2%），高收入国家为19.0%。与我国发展水平（即人均GDP在1000美元左右）相当的国家：菲律宾、印度尼西亚、泰国的固定资产投资率分别为19.3%、14.3%和23%。由此可见，我国固定资产投资率大大高于世界平均水平，也明显高于各主要发达国家和发展中国家水平[1]。

表21 2003年以来全社会固定资产投资增长幅度

年份	全社会固定资产投资总额（单位：亿元）	比上年增长
2009 年	224598.8	30%
2008 年	172828.4	25.9%
2007 年	137323.9	24.8%
2006 年	109998.2	23.9%
2005 年	88773.6	26%
2004 年	70477.4	26.8%
2003 年	55566.6	27.7%

---

[1] 陈佳贵，《当前我国固定资产投资存在的几个问题》，《中国社会科学报》，2005年6月15日。

从固定资产投资的来源看，大部分固定资产投资属于企业行为，而非政府投资。以2009年为例，全社会固定资产投资总额中，国有企业和集体企业所占比重不到3%，因此，这种偏高代表了中国高增长阶段的特殊事实，可能不能用高风险行为来定义。因此，如果用固定资产投资绝对值衡量企业追逐风险的程度，并进而将它与破产联系在一起，不一定准确。这可能也是上述回归参数符号不符合预期的原因之一。

为了再次衡量企业的风险态度对破产行为的影响，我们拟采用企业的资产负债率与平均资产负债率之间的距离来衡量其风险追逐的程度。选择这个指标，是考虑了行业平均水平的影响：如果一个企业的资产负债率超过了同期的行业平均水平，那么可以认为它更偏好风险追逐。其计算如下：

首先，计算企业所在行业的平均负债比率meandebt，然后用企业的资产负债率减去行业平均的负债率得到指标meandebt1，这个指标就代表企业相对于所在行业的平均风险水平，回归结果见表22。

表22　以财务杠杆离差代表企业的风险追逐

变量名	变量含义	（1）	（2）	（3）
		全样本	国有企业	民营企业
		pochan（破产）	pochan（破产）	pochan（破产）
meandebt1	企业风险水平	0.275***	0.269***	0.336***
		（0.0281）	（0.0329）	（0.0181）
2000b.year	2000 年	0	0	0
		（0）	（0）	（0）
2001.year	2001 年	0.00612*	0.0108**	0.00488
		（0.00313）	（0.00506）	（0.00576）
2002.year	2002 年	0.0173***	0.0222***	0.0147**
		（0.00353）	（0.00633）	（0.00621）

（续表）

变量名	变量含义	（1）	（2）	（3）
		全样本	国有企业	民营企业
		pochan（破产）	pochan（破产）	pochan（破产）
2003.year	2003 年	0.0174***	0.0280***	0.00681
		（0.00385）	（0.00744）	（0.00649）
2004.year	2004 年	0.0254***	0.0348***	0.00147
		（0.00440）	（0.00888）	（0.00676）
2005.year	2005 年	0.0247***	0.0324***	0.00686
		（0.00443）	（0.00986）	（0.00702）
2006.year	2006 年	0.0267***	0.0363***	0.0117
		（0.00452）	（0.0105）	（0.00712）
2007.year	2007 年	0.0292***	0.0318**	0.0157**
		（0.00460）	（0.0127）	（0.00713）
constant	常数项	0.111***	0.175***	0.0851***
		（0.00276）	（0.00553）	（0.00558）
observations	观测值	54237	17391	17451
R-squared	拟合优度	0.174	0.203	0.171
number of id	企业数量	14848	5888	4956

注：括号中为标准差，其中***、**、*分别表示1%、5%和10%的显著性。

从表22可以看出，用财务杠杆离差代表企业的风险追逐，系数为正，在全样本、国有企业和民营企业中都是如此，而且显著性也很高。这意味着，无论是国有企业还是民营企业，对风险的追逐都会显著增加其破产的可能性。原本，我们假定只有民营企业对风险的追逐才会加大其破产的概率，但回归结果告诉我们，对于国有企业来说，也同样如此。不过，与前文的假设没有偏差的是，对风险的追逐使民营企业破产的概率（0.336）大于国有企业破产的概率（0.269）。换句话说，民营企业对风险追逐的偏好，在更大程度上会导致其破产。

如果国有企业和民营企业对风险的追逐都对破产有正的影响，我们还需要衡量这种影响与公司治理因素对破产的影响孰大孰小。如果风险追逐的影响超过公司治理因素的影响，那么用公司治理因素解释破产可能就存在一定问题。

从指标的角度，财务杠杆离差用企业资产负债率减去平均资产负债率表示，而在公司治理因素中，债权人的力量用负债/总资产或银行贷款总额来衡量。从计算方法的角度，财务杠杆离差就是用资产负债率计算出来的，因此，二者的相关性接近1，故不能将二者同时放入模型中。

比较的方法只能是，在线性模型中，比较二者系数的大小。从面板回归的表22中，在国有企业模型中，银行贷款的系数是0.0774，而实收资本/负债的系数为0.000324，前者比后者大很多，且都在1%的水平显著。上述结果充分说明，代表债权人力量的银行贷款变量对破产的影响远大于代表风险因素的实收资本/负债的影响。也就是说，虽然风险因素对企业破产有显著影响，但相较于公司治理因素，它的影响并没有更大。

在典型案例部分，还提到另一种影响民营企业破产的说法，融资约束。融资约束指的是国有商业银行对民营企业的信贷抑制致使企业陷入破产的境地。相当多的研究支持如下观点：民营企业面临的更差的财产权保护和银行对它们的信息不对称，导致民营企业存在外部融资的困难。

虽然对融资约束和金融抑制的宏观分析很多，但从一个企业的角度，如何衡量它所受到的融资约束的程度，还没有发现很好的直接衡量抑制或歧视程度的指标。

本书决定从间接的银行的贷款歧视的角度进行描述：研究发现，至少从四大商业银行的角度，专门针对所有制的金融歧视的程度在下降。商业银行对纯国有、纯集体的企业的贷款在下降，在商业银行的贷款审核中，经营者特征、人均固定资本存量、企业能源和直接材料消耗量等和企业获得的贷款显著正相关，企业所有制背景不再是决定性因素。因此，我们认为，民营企业的融资约束可能是一个还需要再被确定的命题：银行作为借款人，在衡量贷款人的风险后做出不贷款的决定，是很正常的程序。可能并不仅仅因为贷款人的民营企业身份，才作出不发放贷款的决定。

应该看到，随着民营经济地位的不断提高，以及民营企业主的自我保护措施（比如争取成为人大代表），能够缓解民营企业面临的这些困难（白重恩等，2005）。尤其是对于大中型民营企业而言，获得贷款的可能性会更大。

因此，对于融资约束导致破产的假设，本书没有做进一步的分析。我们期待未来如果有更好的代理变量出现，或者对融资约束进行更强的验证后，再做讨论。

5. 面板混合模型的估计结果

在前文中，我们提到，本书的数据库属于平衡面板，但到目前为止的分析都是建立在截面回归的基础上，没有进行面板估计。遵循模型建立由易到难的原则，我们一直都采用普通截面估计的方法。为了凸显面板估计相对于截面估计的优势，重新对上文所有的截面估计采取面板数据估计方法，观察其与截面估计的不同。此外，本书按照所有制的不同对样本进行分类。

如同在二元选择模型的估计中提到的，面板数据模型可以在保持估计有效的基础上大大提高样板容量。下面我们采用面板估计的方法，对前述混合模型重新回归，以观察是否可以获得更好的结果，见表23。

表23　面板混合模型分析结果

变量名	变量含义	（1）国有企业	（2）民营和外商企业	（3）国有企业	（4）民营和外商企业
		pochan（破产）	pochan（破产）	pochan（破产）	pochan（破产）
lmendebt	银行贷款的对数	0.0774***	0.0254***	−0.0522***	0.0433***
		（0.00574）	（0.00126）	（0.00975）	（0.00170）
guquan	个人资本/实收资本	−0.0872**	−0.00263	−0.0795***	−0.00432
		（0.0373）	（0.00284）	（0.0307）	（0.00281）
management	管理费用/主营收入	0.000173	0.0229***	0.000849***	0.0739***
		（0.000347）	（0.00527）	（0.000261）	（0.00744）
lnfix	固定资产的对数	0.0650***	−0.0254***	−0.0105*	−0.00607***
		（0.00632）	（0.00145）	（0.00543）	（0.00167）
liquidity	流动资产/总资产	−0.0908***	−0.00725***		
		（0.0266）	（0.00140）		
liucunper	留存收益/总资产	−0.158***	−0.00439***	−0.656***	−0.0916***
		（0.00649）	（0.000718）	（0.0147）	（0.00303）
xishui	息税前收益/总资产	−0.0815***	−0.00744**		
		（0.0211）	（0.00310）		
debtratio1	实收资本/负债	0.000324***	3.13e−05***		
		（8.91e−05）	（7.01e−06）		
ROA	资产回报率			−0.0141***	0.00723***
				（0.00401）	（0.000435）

（续表）

变量名	变量含义	（1）国有企业	（2）民营和外商企业	（3）国有企业	（4）民营和外商企业
		pochan（破产）	pochan（破产）	pochan（破产）	pochan（破产）
stability	收益稳定性			0.00313***	−0.000928
				（0.00118）	（0.000632）
debtratio2	利息保障倍数			2.38e−06	−9.02e−07
				（3.92e−06）	（1.21e−06）
liqui	流动比率			9.65e−06	2.97e−05***
				（1.31e−05）	（8.91e−06）
equityasset	实收资本/资产			−0.572***	0.00203
				（0.0201）	（0.00384）
lnasset	资产的对数			0.0500***	−0.0348***
				（0.0123）	（0.00288）
constant	常数项	0.0491	0.0285**	0.435***	0.0427***
		（0.0591）	（0.0140）	（0.0337）	（0.0128）
observations	观测值	12249	49591	6824	25377
R−squared	拟合优度	0.155	0.023		
number of id	企业数量	5363	20999	3140	11455

注：括号中为标准差，其中***、**、*分别表示1%、5%和10%的显著性。

面板混合模型的回归方程如下：

$$Y_{i,t} = \alpha + \beta_1 X_{1i,t} + \beta_2 X_{2i,t} + u_i + \xi_{it}$$

其中，$Y_{i,t}$表示第i个企业在第t期是否破产，破产取值为1，未破产则取值为0；向量$X_{1i,t}$表示公司治理结构的变量；$X_{2i,t}$是5因素模型、7因素模型中的财务指标；u_i表示个体企业的不随时间变化的不可观测的固定效应；ξ_{it}表示随时间变化的企业个体异质性的随机扰动项。

　　表23中，根据稳健性分析结果，选择的利益相关者的代理变量如下：个人资本/实收资本表示股东的力量；银行贷款的对数表示债权人的力量；用管理费用/主营收入代表管理层的力量。（1）和（2）列表示5因素混合模型下的分析结果，而（3）和（4）列表示6因素混合模型下的分析结果。估计结果如下：

　　代表债权人力量的银行贷款的对数在民营企业中显著为正，加速破产。而在国有企业中系数不够稳定，在5因素混合模型中为正，在6因素混合模型中为负。与截面回归相比较，面板混合模型在债权人力量方面的回归结果不像在截面回归中那样符合预期，这可能与面板混合模型中的共线性有很大关系。代表股东力量的个人资本占实收资本比重对国有企业破产有抑制作用，对民营企业的破产也有同样的抑制作用，但抑制的程度不如在国有企业中那么大。从参数符号的角度看，与截面回归相同，且显著性更高。与截面回归相比，面板混合模型中的股东力量指标作用更强。代表管理层力量的管理费用/主营收入的符号在国有企业和民营企业中都为正，符合预期。这意味着管理层力量越强大，越会增加企业破产的可能性。而且从不同所有制的角度看，民营企业的系数显著且较大，而对国有企业的影响不显著。

　　从结论来看，面板模型和截面模型结论基本类似，没有体现出更大不同，因此，前文截面回归中的结论同样适用于面板模型。

　　面板混合模型分为固定效应模型和随机效应模型两种，具体使用什么样的模型取决于所分析问题的性质。如果是对固定的个体进行抽样，比如省级、国家级面板数据，就采用固定效应模型；如果是随机选择个体进行抽样就采用随机效应模型。由于本书数据库中的企业并不是统计局随机抽取的，而是对规模以上企业原则上都进行统计，所以应该采用固定效应模型。为了更稳健地证明选取固定效应模型的合理性，我们进行了豪斯曼（Hausman）检验，先做固定效应模型，再做随机效应模型，然后用卡方检验比较系数是否一致。使用豪斯曼（Hausman）检验后发现 P 值均为0，说明本书的面板模型应该使用固定效应模型。

6. 实证研究的局限性

（1）本书所使用的数据只是东北三省的，因为完整的数据太大，下载速度太慢，短期内仍然无法得到全部的数据。虽然东北三省可能有一些独特性，但从整体上说，具有一定代表性，所获得的结果在一定范围可以拓展。在未来的实证研究中，我们将把研究拓展至所有地区和所有行业，观察模型的稳定性。

（2）本书所使用的模型比较简化，只用了线性概率模型，这是一个很好的起点，深入的研究破产需要更复杂的模型。概率模型是非参数的，因此，单个指标对模型整体的解释力不能通过其大小判断影响力的强弱，只能通过参数符号和显著性来判断。虽然，线性概率模型能够稍微弥补这方面的缺陷，但如果能通过其他模型设定形式，获得更直接的结果，将不仅能提高解释力和稳定性，而且还可以就某个参数进行更细致的讨论。

（3）从面板模型的角度，本书进行了一定分析，但所采用的方法是混同回归，没有对其他扰动项和时间的关系做更多区分。对面板模型也没有进行固定效应和随机效应的检验。因此，在稳健性分析方面还有一定欠缺。此外，在6因素混合模型下，自变量达到9个，模型内生性的危险是潜在的。如何化解这种潜在的内生性还需要更多创新。

（4）对于管理层的力量，结果不是很稳定，尤其是关于民营企业的管理层对破产的影响甚至大于国有企业中管理层的影响，这样的结论不太符合现实，但是，无法找到更好的理论解释这个结果。其次，对于融资约束假设，因为没有更好的代理变量，能够代表民营企业所受到的融资约束，只能用描述的方法进行分析，在未来的研究中，希望可以解决这个问题。

（5）本书的分析是基于非上市公司的，在具备获得样本更好的代表性、数据更可靠的优点的同时，基于非上市公司的分析也具有自身的缺点。近期使用最多的破产预测模型——分时风险模型无法应用于非上市公司。因为该模型同时使用财务指标和市场指标，而非上市公司无法获得市场数据。因此，未来我们希望能采用分时风险模型，同时利用上市公司的市场指标和财务指标，再将公司治理变量纳入其中，以观察其结果。

第六章

主要结论及评论

　　本书关注在不同利益相关者冲突和博弈的基础上，企业破产的发生和预测。这里的不同利益相关者指股东、债权人和管理层，分析是从重新定义破产开始的。已有的文献对破产的定义比较狭窄，仅仅局限于由法院主导的资产处置过程，对于更有价值的挽救和重组过程没有涉及。本书认为，相对于资产清算，企业的挽救和重组过程意义更大，因此，我们的破产定义是包括挽救、重组和资产清算的动态过程。在重新定义破产的基础上，希望分析是什么因素，或者哪类利益相关者对破产的影响最大。

　　在以往文献中，有关破产的预测研究大多是从财务指标的角度开始的，从数据和经验角度，总结出能够最准确预测破产的财务指标及其组合。这样的方法在一定时期，对于一定的企业，准确率可以达到90%，但更多的时候，基于某一组样本估计获得的参数，应用到另一组样本中进行破产预测，准确率通常很低。如果将预测的时段加长，准确率还会迅速降低，而且理论上无法给出预测准确率下降的原因，从而使得破产预测的研究成为一种试错过程。产生这种结果的深层次的原因在于预测方法本身缺乏理论基础。赋予纯实证模型更深刻的理论内涵，使其准确率和解释力都能得到提高，是本书最主要的目标。

　　在文献回顾部分，我们对破产预测模型以及公司治理理论做了详细介绍。从实证模型的角度，从最初的两分法，经过均值分析、Z指标、Logit模型、Probit模型，到最新的生存分析、向量机分析、神经网络系统、分时风险模型等的不断进步，破产预测模型所使用的工具越来越复杂，但并没有带来更高的预测准确率和更强的解释能力。相比较而言，经典的MDA模型反而一直保持相对较高的解释能力。但是，即使是相对稳定的MDA模型，也因为缺乏相应的理论基础，在不同时间、针对不同的样本时，准确率也各不相同，这使得MDA模型的解释力大打折扣。本书试图从建立财务模型的理论基础入手，获得更有解释能力的破产预测模型。

本书为破产预测选择的理论基础是公司治理理论。选择从公司治理的角度研究破产，是因为企业不仅是资产的组合，更是人的组合。公司治理理论中的利益相关者理论，正是从人的角度展开分析。在公司正常经营阶段，利益相关者之间的关系可能表现得并不剧烈；而在企业面临破产的可能时，利益相关者之间的冲突和博弈体现得更明显。本书利用利益相关者在破产过程中的博弈，建立新的破产预测分析模型。从利益相关者的角度看，股东倾向于不破产，因为如果破产，普通股东的求偿顺序处于最后，且因无法参与清算小组，在剩余索取权中所获最少；而对于债权人，虽然破产意味着可能无法获得所有的本金和利息，但如果经营持续恶化，最终在清算时获得的本金和利息会越来越少，因此，他们更倾向于迅速破产，使自己的损失最小化。但是，公司最终是否会走向破产，股权结构和债权结构也会发挥作用：在股权结构集中的情况下，不破产的倾向更明显；而外部股东较多或股权结构较分散，他们在破产决定中的力量也会很分散，最终其他利益相关者的力量占上风，可能导致企业走向破产的命运。

如果债权人的力量足够大，例如银行这类债权人，他们在公司经营陷入困境时，更希望通过参与重组过程，使企业起死回生，因此他们并不倾向于迅速破产清算，而是希望重组。此外，股东与债权人的合作程度也对企业破产具有重大影响。如果债权人削债的比例更大，或债转股，则意味着双方合作融洽，重组成功的可能性更大；反之，重组失败的可能性更高，公司会陷入清算。

管理层在破产中的角色比较矛盾，他们通常倾向于不支持破产，因为破产意味着他们在企业中积累的人力资本被浪费；当然，如果他们的人力资本在破产过程中能够提高，比如他们通过重组的过程，使得企业脱离破产的境地，从而外界对他们的人力资本的评价更高，则他们会支持破产。股东与管理层之间，也存在利益冲突。尤其是处于集中度更高的股权结构下的股东，更倾向于破产。而管理层因为财富更多地集中于人力资本，更倾向于重组。因此，如果管理层在董事会中任职的比例更高，则企业破产的可能性更小；反之，企业更容易走向破产。

本书在数据库的基础上，选择能够代表上述三类利益相关者的变量，然后将这些变量纳入传统财务模型，建立混合模型，预测破产。

虽然，公司治理理论对利益相关者之间的互动给出了描述，但本书还是通过案例进行更清楚的描述。我们首先从案例的角度，提炼出案例中体现的利益相关者关系，并在总结案例的基础上，提出本书的实证假设。因为国内独特的所有制特征，在一般的利益相关理论中不会涉及，但不同所有制下企业破产的理由存在重大差异在中国是典型事实。因此，本书对民营企业破产的典型案例做了描述，并提出了有关其破产的两个假设：风险追逐和融资约束。

在分析企业的破产时，经典的财务分析通常采取两种模型，5因素模型和7因素模型。这两种模型都是纯财务模型。二元选择模型中，将破产确定为1，没有破产定为0，自变量的选择通常基于经验。5因素模型和7因素模型都是在一定时期内正确率较高的模型。我们将5因素模型和7因素模型都应用于中国的企业，但结果是，模型的总体解释能力都不高，而且，对模型中一些不符合理论预期的参数符号无法解释。因此，本书在公司治理理论的指导下重新建立破产预测模型，以期提高对破产的预测和解释能力。

从公司治理理论角度关注破产，是本书的创新点。本书选择从利益相关者及其之间的互动的角度入手。在利益相关者的定义下，我们主要讨论其中的股东、债权人以及管理层对破产的影响。本书将代表不同利益相关者的变量纳入破产预测模型中，观察它们对破产的影响。

首先，用纯财务的5因素模型、7因素模型对数据进行分析。从5因素模型的分析结果看，参数的符号基本符合预期，只是代表流动性指标的流动资产/总资产和代表收益的销售收入/总资产指标之间的共线性，导致2个指标中总有1个的符号不符合预期。而且因为财务模型缺乏相关理论基础，我们无法确定删去哪个指标。因此我们采用另一个流行的7因素模型进行分析，试图使模型具有更强的解释能力。在7因素模型中，自变量的选取更注重收益的稳定性和从时段而非时点的角度考虑经营状况。遗憾的是，从7因素模型的回归结果看，并没有比5因素模型获得更好的解释能力。其原因也不清楚，因为纯财务模型不是建立在坚实的理论基础之上，我们只能选择接受，或者放弃。本书试图改造纯财务模型，我们在纯财务模型中添加符合理论假设的因素，使之能够对企业的破产有更强的解释能力。

在将代表不同利益相关者的因素带入财务模型中后，首先需要考虑的是，增加自变量是否导致不可接受的多重共线性。我们将混合模型的所有因素进行两两分析，发现确实存在相关性较高的因素，比如代表流动性的流动比率与代表收益状况的销售收入/总资产之间相关性较高，但我们主要关心的是公司治理指标与传统模型中财务指标之间是否强相关，对于传统模型本身变量之间的相关性不太关注。检验结果显示，没有很高程度的相关，因此，相关性检验通过了。

从混合模型回归的结果看，基本符合公司治理理论的观点：个人股东在企业破产过程中表现积极，而国有股东表现消极；债权人以独特方式积极表达自己的意愿；民营企业中的管理层比国有企业中的管理层对破产的影响更大。对追逐风险和融资约束是否影响企业破产的检验表明，用固定资产投资表示的追逐风险指标没有获得预期的符号，但以财务杠杆离差表示风险追逐时，参数符号变得符合预期。而且不止民营企业的风险追逐对破产有影响，国有企业也存在同样的情况。对融资约束的检验因为没有找到更好的代理变量，还需要更多考虑。

在截面回归的基础上，我们还采用面板估计方法将所有的模型重新运行了一次，结果表明，大多数参数的符号和截面回归相似，符合预期，而且显著程度更高。因此，面板模型的估计比截面回归更好。但管理层力量的指标参数符号还是不符合预期，在截面回归中明显符合理论预期的代表债权人力量的银行贷款的参数符号也变得不符合预期，这可能与共线性有关，也可能与对管理层对破产影响的设定有关。如何处理这种共线性或内生性，建立更符合现实的理论假设是未来实证研究中要着力解决的问题。

　　本书所得出的结论具有很强的实践意义：从个人股东和债权人对破产的强烈影响可以看出，为减少企业破产的风险，应该提高个人持股比例，降低国有持股的比例；创造债权人参与重组的条件，约束管理层在企业中的权力。无论是国有企业还是民营企业，没有必要限制它们的固定资产投资，因为该指标与企业的破产决定关系并不紧密。对于资产负债率超过行业平均水平的企业要控制其破产风险。

附录

附录1：国家统计局企业登记注册类型与代码

表1　国家统计局企业登记注册类型与代码

代码	企业登记注册类型
100	内资企业
110	国有企业
120	集体企业
130	股份合作企业
140	联营企业
141	国有联营企业
142	集体联营企业
143	国有与集体联营企业
149	其他联营企业
150	有限责任公司
151	国有独资公司
159	其他有限责任公司
160	股份有限公司
170	私营企业
171	私营独资企业
172	私营合伙企业
173	私营有限责任公司
174	私营股份有限公司
190	其他企业
200	港、澳、台商投资企业
210	合资经营企业（港或澳、台资）
220	合作经营企业（港或澳、台资）
230	港、澳、台商独资经营企业
240	港、澳、台商投资股份有限公司
290	其他港、澳、台商投资企业
300	外商投资企业
310	中外合资经营企业
320	中外合作经营企业
330	外资企业
340	外商投资股份有限公司
390	其他外商投资企业

附录2：中国工业企业数据库介绍

中国工业企业数据库的统计是基于国家统计局进行的"规模以上工业统计报表统计"取得的资料整理而成。该数据库的统计对象为规模以上工业法人企业，包括全部国有和年主营业务收入500万元及以上（2011年起为2000万元以上）的非国有工业法人企业。与《中国统计年鉴》的工业部分和《中国工业统计年鉴》中的覆盖范围一致。区别是该数据库是企业层面的原始数据，而《中国统计年鉴》是按不同维度得到的加总数据。

截至2007年，中国工业企业数据库共收录了中国33万多家工业企业，占中国工业总产值的95%左右，覆盖了中国工业40多个大类、90多个中类、600多个小类，每个企业提供超过上百个变量，是目前国内最为全面和权威的企业层面数据。该数据库是我国经济学和管理学研究领域的重要资料，已有很多学者利用该数据库做出了非常有价值的研究成果。受数据取得难度的限制，拥有该数据库的研究机构在国内还并不多，因此该数据库在研究领域有广阔的应用前景。

数据库里的企业用"法人代码"作为标志。数据库覆盖的企业不会一成不变，每年都会新增企业和减少企业，不过绝大部分企业的资料是连续的。尽管原则上每个企业的法人代码不会改变，在极少数情况下，企业会改换企业名称或法人代码。数据库从1998年开始，更新到2007年，以后各年数据将在次年年底更新。

数据库对每个企业给出两类信息，一是企业经营成果有关的信息，包括资金流量表、资产负债表和损益表的主要信息，以及雇用员工和生产活动信息；二是对企业身份、生产经营活动内容和状态进行定性描述的信息，以代码的形式出现，在使用时需要使用参照代码表。

数据库的概况请参见附录3。

附录3：中国工业企业数据库概况

表2　中国工业企业数据库概况

年份	1998	1999	2000	2001	2002	2003	2004	2005	2006	2007
数据格式	Stata Access sas	Stata Access sas	Stata Access sas	Stata Access sas	Stata Access sas	Stata Access sas	Stata Access sas	Stata Access sas	Stata Access sas	Stata Access sas
变量数	98	96	97	96	86	74	135	126	128	123

参考文献

1. 巴加特，杰弗里斯. 公司治理：计量经济学分析［M］. 宋增基，李春红，译. 北京：北京大学出版社，2010.

2. 陈工孟，芮萌，许庆胜. 现代企业财务困境预测［M］. 上海：上海财经大学出版社，2006.

3. 李寿喜. 四大商业银行选择什么企业贷款？——来自中国制造业的经验证据［C］//上海市社会科学界联合会. 上海市社会科学界第七届学术年会文集（2009年度）经济、管理学科卷. 上海：上海人民出版社，2009.

4. 世界银行东亚太平洋地区私营部门发展局. 中国国有企业的破产研究——改革破产制度的必要性和途径［M］. 北京：中国财政经济出版社，2001.

5. 白重恩，路江涌，陶志刚. 中国私营企业银行贷款的经验研究［J］. 经济学（季刊），2005（2）：605-622.

6. 陈静. 上市公司财务恶化预测的实证分析［J］. 会计研究，1999（4）：31-39.

7. 陈清泰. 深化国有资产管理体制改革的几个问题［J］. 管理世界，2003（6）：1-4，32.

8. 陈晓，陈治鸿. 企业财务困境研究的理论、方法及应用［J］. 投资研究，2000（6）：29-33.

9. 陈燕，廖冠民. 大股东行为、公司治理与财务危机［J］. 当代财经，2006（5）：111-115.

10. 高培业，张道奎. 企业失败判别模型实证研究［J］. 统计研究，2000（10）：46-51.

11. 谷祺，刘淑莲. 财务危机企业投资行为分析与对策［J］. 会计研究，1999（10）：28-31.

12. 贾纯. 企业破产重整中债权人利益保护研究［J］. 金融理论与实践，2011（1）：37-43.

13. 金成晓，王猛，徐卓顺. 外商直接投资理论近期发展评述［J］. 湖北经济学院学报，2007（6）：56-61.

14. 李春景. 我国企业法人治理结构的现状与对策［J］. 管理世界，2002（8）：139-140.

15. 李华中. 上市公司经营失败的预警系统研究［J］. 财经研究，2001（10）：58-64.

16. 李茜. 破产债权人利益保护的探讨［J］. 法制与经济（下旬刊），2009（1）：26-27.

17. 罗进辉，万迪昉. 大股东持股对管理者过度在职消费行为的治理研究［J］. 证券市场导报，2009（6）：64-70.

18. 吕长江，徐丽莉，周琳. 上市公司财务困境与财务破产的比较分析［J］. 经济研究，2004（8）：64-73.

19. 倪铮. 我国银行贷款融资体系的研究综述［J］. 金融理论与实践，2007（6）：3-6.

20. 王红领. 委托人"政府化"与"非政府化"对企业治理结构的影响——关于中国乡镇企业转制的实证研究［J］. 经济研究，2000（7）：56-62.

21. 王亮. 上市公司亏损的制度因素探析［J］. 管理现代化，2001（4）：47-51.

22. 吴世农，卢贤义. 我国上市公司财务困境的预测模型研究［J］. 经济研究，2001（6）：46-55，96.

23. 吴文锋，吴冲锋，芮萌. 中国上市公司高管的政府背景与税收优惠［J］. 管理世界，2009（3）：134-142.

24. 张春霖. 存在道德风险的委托代理关系：理论分析及其应用中的问题［J］. 经济研究，1995（8）：3-8.

25. 张杰. 民营经济的金融困境与融资次序［J］. 经济研究，2000（4）：3-10，78.

26. 长城证券课题组. 上市公司财务危机预警系统：理论研究与实证分析［J］. 上证研究，2002（3）：63-146.

27. 浙江省工商联. 浙江工业小企业发展状况的调查与思考［J］. 政策瞭望，2011（6）：23-26.

28. 周小川. 建立符合国情的金融宏观调控体系［J］. 中国金融，2011（13）：9-13.

29. 雨宫健. 高级计量经济学［M］. 上海：上海财经大学出版社，2010.

30. AGHION P，BACCHETTA P，BANERJEE A. Currency crises and monetary policy in an economy with credit constraints［J］. European Economic Review，2001，45（7）：1121-1150.

31. ALICI Y. Neural networks in corporate failure prediction[D]. Exeter: University of Exeter，1996.

32. ALTMAN E I. Financial ratios, discriminant analysis and the prediction of corporate bankruptcy［J］. The Journal of Finance，1968，23（4）：589-609.

33. ALTMAN E I. Predicting railroad bankruptcies in America［J］. The Bell Journal of Economics and Management Science，1973，4（1）：184-211.

34. ALTMAN E I，HALDEMAN R G，NARAYANAN P. ZETATM analysis：a new model to identify bankruptcy risk of corporations［J］. Journal of Banking & Finance，1977，1（1）：29-54.

35. ALTMAN E I，MARCO G，VARETTO F. Corporate distress diagnosis：

comparisons using linear discriminant analysis and neural networks（the Italian experience）［J］. Journal of Banking & Finance, 1994, 18（3）: 505–529.

36. ALTMAN E I, SAUNDERS A. Credit risk measurement: developments over the last 20 years［J］. Journal of Banking & Finance, 1997, 21（11–12）: 1721–1742.

37. ASQUITH P, GERTNER R, SCHARFSTEIN D. Anatomy of financial distress: An examination of junk–bond issuers［J］. The Quarterly Journal of Economics, 1994, 109（3）: 625–658.

38. BALCAEN S, OOGHE H. Thirty–five years of studies on business failure: an overview of the classic statistical methodologies and their related problems［J］. The British Accounting Review, 2006, 38（1）: 63–93.

39. BARAKAT N, BRADLEY A P. Rule extraction from support vector machines: a review［J］. Neurocomputing, 2010, 74（1–3）: 178‑190.

40. BARCLAY M J, SMITH JR C W. The maturity structure of corporate debt［J］. The Journal of Finance, 1995, 50（2）: 609–631.

41. BERNHARD W. Banking on Reform: Political Parties and Central Bank Independence in the Industrial Democracies［J］. Perspectives on Politics, 2004, 2（2）: 418–419.

42. CHUNG H M, GRAY P. Guest editors special section: data mining ［J］. Journal of Management Information Systems, 1999, 16（1）: 11–13.

43. COLLINS R A. An empirical comparison of bankruptcy prediction models［J］. Financial Management, 1980, 9（2）: 52–57.

44. DAILY C M. Bankruptcy in strategic studies: past and promise ［J］. Journal of Management, 1994, 20（2）: 263–295.

45. D'AVENI R A. Dependability and organizational bankruptcy: an application of agency and prospect theory［J］. Management Science,

1989, 35（9）: 1120-1138.

46. DESAI V S, CROOKC J N, OVERSTREET Jr G A. A comparison of neural networks and linear scoring models in the credit union environment [J]. European Journal of Operational Research, 1996, 95（1）: 24-37.

47. DONOHER W J. To file or not to file? Systemic incentives, corporate control, and the bankruptcy decision [J]. Journal of Management, 2004, 30（2）: 239-262.

48. GILSON S C, JOHN K, LANG L. Troubled debt restructurings: an empirical study of private reorganization of firms in default [J]. Journal of Financial Economics, 1990, 27（2）: 315-353.

49. GILSON S C, RUBACK H. Valuation of bankrupt firms [J]. The Review of Financial Studies, 2000, 13（1）: 43-74.

50. GILSON S C, VETSUYPENS M R. CEO compensation in financially distressed firms: An empirical analysis [J]. The Journal of Finance, 1993, 48（2）: 425-458.

51. GUEDES J, OPLER T. The determinants of the maturity of corporate debt issues [J]. The Journal of Finance, 1996, 51（5）: 1809-1833.

52. HAMER M M. Failure prediction: sensitivity of classification accuracy to alternative statistical methods and variable sets [J].Journal of Accounting and Public Policy, 1983, 2（4）: 289-307.

53. HART O, MOORE J. A theory of debt based on the inalienability of human capital [J]. The Quarterly Journal of Economics, 1994, 109（4）: 841-879.

54. HOTCHKISS E S. Postbankruptcy performance and management turnover [J]. The Journal of Finance, 1995, 50（1）: 3-21.

55. JAMES C. Bank debt restructurings and the composition of exchange offers in financial distress [J]. The Journal of Finance, 1996, 51（2）: 711-727.

56. JENSEN M C. Value maximization, stakeholder theory, and the corporate objective function [J]. Business ethics quarterly, 2002: 235-256.

57. JOHNSON M F, NATARAJAN R. Executive compensation contracts and voluntary disclosure to security analysts [J]. Managerial Finance, 2005, 31 (7): 3-26.

58. KAHL M. Economic distress, financial distress, and dynamic liquidation [J]. The Journal of Finance, 2002, 57 (1): 135-168.

59. KARELS G V, PRAKASH A J. Multivariate normality and forecasting of business bankruptcy [J]. Journal of Business Finance & Accounting, 1987, 14 (4): 573-593.

60. MARTIN D. Early warning of bank failure: a logit regression approach [J]. Journal of Banking and Finance, 1977, 1 (3): 249-276.

61. NOE T H, WANG J. Strategic debt restructuring [J]. The Review of Financial Studies, 2000, 13 (4): 985-1015.

62. OLSON D L, DELEN D, MENG Y. Comparative analysis of data mining methods for bankruptcy prediction [J]. Decision Support Systems, 2012, 52 (2): 464-473.

63. OHLSON J A. Financial ratio and the probabilistic prediction of bankruptcy [J]. Journal of Accounting Research, 1980, 18 (1): 109-131.

64. PLATT H D, PLATT M B. A note on the use of industry-relative ratios in bankruptcy prediction [J]. Journal of Banking & Finance, 1991, 15 (6): 1183-1194.

65. ROSENBERG E, GLEIT A. Quantitative methods in credit management: a survey [J]. Operations Research, 1994, 42 (4): 589-613.

66. Ross S A, Westerfield R, Jaffe J F. Corporate finance [M]. New York: McGraw-Hill Companies, 1999.

后　记

　　本书的撰写花了很长时间。起因来自20世纪90年代中国不良资产处置过程以及国有企业三年脱困的改革目标。国有企业的消失和死亡，专门针对这类问题的研究较少，尤其是从微观经济学的角度展开的研究。直到今天，对破产过程而非结果的关注仍不足够。此外，研究启发同时来自金融危机中的民营企业的命运。很多人认为破产和倒闭是不好的事，甚至丑事，对此持回避的态度。但事实上，企业的死亡和出生同样重要。我们不应该仅仅关注企业的出生，它的死亡，也应该给予足够的关注。只有了解企业衰败过程中会发生什么样的事，才能采取一定的防御措施，防止不幸的发生，并降低其可能产生的成本，而不是讳疾忌医。

　　感谢我的博士生导师刘小玄老师，她对我的关心和帮助都是无微不至的。对我拖沓的工作方式保持无限宽容的态度，对于我取得的每一点进展，都给予充分的鼓励。感谢《经济研究》编辑部的同事和老师，他们承担了很多本该由我来做的工作，从而为我创造了在工作中学习的机会。感谢我的学弟和学妹，他们鼓励我在离开学校多年后，重新拿起书本。在英国访问的一年，也是我积累文献最重要的一年，肖泽忠老师在生活上和学业上给予了我无限的关心和帮助。直到现在，他仍然在关心着我。

　　本书还有很多不足之处，敬请指正。